초등 첫 문장 쓰기의 기적

하루 10분 교과서 따라 쓰기로 쉽게 배우는

초등 첫 문장 쓰기의 기적

송숙희 지음

일러두기

'따라 쓰기'는 모범이 되는 글을 그대로 옮겨 쓰며 글쓰기를 배우는 방법 중 하나이다. 과거에는 '베껴 쓰기'라고 말하기도 했다.
이 책에서는 초등 아이를 위해 '교과서 따라 쓰기'라는 말을 사용하였다. 글쓰기를 처음 배우는 초등 아이가 글쓰기의 두려움을 없애고, 글쓰기를 좋아하도록 돕는 연습법이다.

들어가며

글쓰기 초격차는 첫 문장에서 결정된다

혹시 아이가 '첫 문장 앓이'를 하고 있나요? 글을 쓰라고 하면 첫 문장부터 막혀서 절절매고, 서술형 평가나 글짓기 숙제를 무척 싫어하진 않나요? 그렇다면 첫 문장부터 글 한 편까지 술술 쓰는 아이로 키우기 위한 글쓰기 비법을 알아 보세요. 제가 소개하는 비법은 바로 '교과서 따라 쓰기'입니다.

교과서 따라 쓰기는 초등 아이를 위해 고안한 글쓰기 연습으로 교과서 내용을 노트나 종이에 똑같이 옮겨 쓰는 방법을 말합니다. 교과서 따라 쓰기는 글 잘 쓰는 사람들이 글쓰기를 배우는 방식인 '따라 쓰기' 기법을 토대로 만들었습니다.

많은 사람에게 명료하게 글을 잘 쓰는 사람으로 소문난 김훈 작가는 법전을 따라 쓰며 단순하지만 힘찬 문장 쓰기를 연습했다고 합니다. 기자나 작가, 카피라이터처럼 글쓰기로 밥 먹는 사람들도 연습하는 훌륭한 방법입니다.

첫 문장의 두려움을 이기는 따라 쓰기

아이에게 그저 교과서를 따라 쓰라고 했을 뿐인데, 아이가 첫 문장의 늪에서 빠져나온다면 어떤 생각이 드나요? 이토록 쉬운 방법으로 아이가 첫 문장부터 척척 쓰는 힘을 기른다면 어떨까요?

혹시 교과서 따라 쓰기 방법이 미심쩍나요? 하지만 강력한 것은 원래 간단하게 작동하는 법이죠.

글 잘 쓰는 아이가 1년 동안 매일 교과서 한 문장을 따라 쓴다고 가정해 봅시다. 그랬을 때 글 못 쓰는 아이와 다음과 같은 차이가 발생합니다.

'1년 38배, 3년 5만 4,000배'

1년 동안 교과서 한 문장을 따라 썼을 뿐인데, 그렇지 않은 아이와 어마어마한 격차가 생겨납니다. 놀랍지 않나요?

교과서 한 문장을 따라 쓴 간단한 연습법으로 1년이 지나면 글쓰기 실력이 다른 아이보다 38배 더 잘하게 되고, 3년 뒤에는 무려 5만 4,000배라는 믿기 어려운 실력 차이가 납니다. 바로 복리 효과 때문이지요.

평생에 걸쳐 따라 잡으려고 해도 불가능한 차이입니다. 반면, 그렇지 않은 아이는 따라 쓰기 연습을 한 아이보다 1년이면 0.03배, 3년이면 0.0006배씩이나 실력이 줄어듭니다.

교과서 따라 쓰기는 글쓰기에 두려움을 없애고 첫 문장부터 힘차게 쓸 수 있게 만듭니다. 글쓰기에 대한 두려움이 클수록, 글쓰기를 싫어하는 아이일수록 놀라운 개선 효과를 보입니다. 내 아이에게 교과서 따라 쓰기가 통할지 아닐지 한 번 알아볼까요?

다음 항목을 읽고 아이에게 해당하는 사항에 표시하세요.

☐ 첫 문장도 못 쓰고 내내 끙끙댄다.
☐ 말은 잘하는데 글쓰기는 겁을 낸다.
☐ 맞춤법을 자주 틀린다.
☐ 뭘 써야 하는지 모른다고 징징댄다.

☐ 후다닥 쓰기는 하는데 무슨 말인지 모르겠다.
☐ 일기는 매일 쓰는데 서술형 평가에는 겁을 낸다.
☐ 독후감 숙제 때문에 책 읽기도 싫어한다.
☐ 글씨를 알아보기 힘들다.

5개 이상 표시했다면 아이에게 교과서 따라 쓰기 연습이 적합합니다. 아이가 글쓰기를 생각보다 훨씬 어려워하고 있으니까요.

초등 아이를 둔 엄마의 고민 중 많은 부분은 매사에 똑똑함을 보이는 아이일수록 글쓰기 앓이가 심하다는 것입니다. 아이가 말도 잘하고 책 읽기도 좋아하고 일기도 매일 쓰는데 왜 유독 글짓기만 취약한지 모르겠다고 하소연하는 엄마가 의외로 많습니다. 고민에 대한 답은 아이가 아니라 엄마에게 있습니다.

똑똑한 아이일수록, 생각이 많은 아이일수록 글쓰기에 대한 다음의 고민을 하느라 바쁩니다.

'글을 잘 쓰지 못할까 봐.'
'써 놓고 나면 엄마에게 혼날까 봐.'
'글씨가 형편없다고 잔소리 들을까 봐.'

똑똑한 아이라서 엄마의 눈치를 살필 줄 알고 이유까지 짐작합니다. 눈치를 살피다 보니 심리적으로 위축됩니다. 글을 잘 쓰는 데 써야 할 힘을 고민하며 낭비하기 때문에 똑똑한 아이일수록 글쓰기에 절절맵니다.

이런 아이에게도 탁월한 글쓰기 비법이 교과서 따라 쓰기입니다. 방법이 정말 간단하고 쉬워서 엄마의 잔소리나 야단이 개입할 여지가 없습니다. 똑똑한 아이에게 더욱 잘 통하는 방법이고 똑똑할수록 주도적으로 더 하고 싶어 하는 글쓰기 연습법입니다.

교과서 따라 쓰기 연습은 미국 비영리 기구의 하나인 국립 글쓰기 프로젝트(NWP, National writing project)에서 추천하고, 세계적인 홈스쿨링 기관 샬롯 메이슨(Charlotte Mason)이 필수 과정으로 운영하는 프로그램 중에 하나입니다. 글쓰기 교육을 중시하는 미국에서도 아이들에게 시행하는 방법이니 안심하고 따라 해도 됩니다.

첫 문장 쓰기와
학습 효과까지 한번에

글쓰기를 제대로 경험하지 않고 배우지 않은 아이가 첫 문장 쓰기를 겁내는 것은 너무도 당연합니다. 글 좀 쓰는 사람들도 첫 문장 쓰기는 버겁습니다. 글쓰기가 어렵고 힘든 어른들이야 말할 것도 없고요.

첫 문장부터 겁먹고 손이 얼어붙은 아이에게 교과서에 실린 글의 첫 문장만 따라 쓰게 하세요. 그러다 보면 아이가 '첫 문장은 이렇게 쓰는구나' 하면서 감을 잡습니다. 일부러 가르쳐 주지 않아도 아이는 첫 문장을 따라 쓰며 첫 문장의 힘을 느끼고 배웁니다.

이 책에 교과서 따라 쓰기로 아이가 첫 문장에 자신의 생각을 막힘없이 척척 쓸 수 있도록 단계적으로 소개했으니 큰 도움이 될 것입니다. 교과서 따라 쓰기는 초등학생이 글을 잘 쓰게 하는 최고의 연습법이니까요.

이제 아이를 글쓰기 앓이, 첫 문장 앓이에서 구할 시간입니다. 교과서 따라 쓰기를 연습해 떨어진 글쓰기 격차를 좁혀 가세요. 첫 문장 쓰기의 두려움을 없애고 무슨 글이든 척척 쓰는 힘을 기르면 공부머리, 일머리를 좌우하는 문해력은 자동으로 길러집니다.

그동안 글쓰기 코치로 일하며, 자기 분야에서 내로라하는 사람들이 글쓰기에 발목을 잡혀 고생하는 것을 참 많이 목격했습니다. 안타깝게도 어른이 되어 글을 잘 쓰기란 어렵습니다. 글쓰기와 같은 언어 능력은 10살 무렵에 반드시 잡아야 합니다.

초등 글쓰기 실력이 평생 아이의 발목을 잡는 일이 없도록 이제 엄마가 도와주세요.

이 책을 빌어 하고 싶은 말은 이것입니다.

"글 안 쓰는 아이는 있어도 못 쓰는 아이는 없습니다."

송숙희

목차

들어가며. 글쓰기 초격차는 첫 문장에서 결정된다 ·············· 005

1장. 첫 문장부터 글쓰기가 두려운 아이

말은 잘하는데, 글은 못 쓰는 아이 ·············· 021
아이가 글쓰기를 겁내는 진짜 이유 ·············· 024
글쓰기의 기초는 문장 쓰기 ·············· 028
글쓰기로 성공하는 아이를 만드는 비결 ·············· 031
이 세상에 글을 못 쓰는 아이는 없다 ·············· 035
책 100권은 읽지만 첫 문장도 못 쓴다면 ·············· 039
반드시 잘 쓰게 되는 사소한 행동 하나 ·············· 043
글쓰기 고수들의 첫 문장 쓰기 비결 ·············· 046

2장. 글 잘 쓰는 아이는 무엇이 다를까?

자기 생각을 한 문장으로 못 쓰는 사람 ········· 051
〈뉴욕 타임즈〉도 인정한 최고의 글쓰기 연습법 ········· 055
첫 문장을 잡는 치트키, 교과서 따라 쓰기 ········· 058
초등학교 졸업하기 전까지 해야 하는 이유 ········· 062
읽고 쓰는 힘을 기르는 최고의 교재 ········· 066
고르고, 따라 쓰고, 확인하기가 전부다 ········· 071
교과서를 따라 썼을 뿐인데 따라 오는 문장력 ········· 075
저절로 맞춤법, 띄어쓰기 잘하는 아이가 된다 ········· 079
첫 문장을 정복하고 교과서에 빠진 아이 ········· 083
공부의 신도 추천하는 공부 잘하는 비법 ········· 086
논술도 막힘없이 써 내려가는 아이 ········· 091
하버드 대학생처럼 끝까지 해내는 힘 ········· 095

3장. 초등 아이 글쓰기는 첫 문장이 전부다

수학 포기하는 것보다 위험한 글쓰기 포기하는 아이 ············ 103
수학보다 훨씬 어려운 문장 쓰기를 잡으려면 ···················· 107
문장을 잘 쓰는 데 꼭 알아야 할 절대 원칙 ························ 111
생각을 담아내는 문장, 첫 시작이 중요하다 ······················ 115
한 문장으로 글쓰기 기초를 다지는 연습 ·························· 119
글쓰기를 좋아하게 만드는 특단의 비법 ··························· 122
완벽한 문장을 따라 써야 하는 이유 ································ 126
첫 문장 쓰기 힘을 기르는 멘토 문장의 조건 ····················· 129
아이에게 글쓰기가 좋아지는 시기가 있다 ························ 134
글쓰기 두려움을 없애는 교과서 따라 쓰기 ······················· 139
1일 1교과서 1문장 따라 쓰기 ·· 143
따라 쓰면 보이는 첫 문장의 힘 ······································ 147
꾸준한 따라 쓰기가 아이의 재능이 된다 ·························· 154

4장. 교과서 따라 쓰기로 첫 문장 쓰는 법

성공하려면 문장력이 필수인 시대 · 161
아이의 글쓰기 재능을 만드는 결정적 기술 · 165
쓰는 힘을 만드는 읽는 힘 · 168
글쓰기 고수들이 추천하는 최고의 연습법 · 171
쓰기와 읽기를 한번에, 프랭클린 따라 쓰기 · 176
아이 스스로 교과서 따라 쓰기_문장 · 180
아이 스스로 교과서 따라 쓰기_구절 · 185
아이 스스로 교과서 따라 쓰기 문단 · 189
아이 스스로 교과서 따라 쓰기_신문 기사 · 194
손끝으로 여는 아이의 공부머리 · 198

5장. 끝까지 쓰는 힘은 어휘력에서 나온다

매일 따라 쓰니 저절로 길러지는 어휘력 ········· 205
성공하는 사람에게는 어휘력이 있다 ············ 209
단어장으로 아이의 평생 무기 만들기 ············ 212
하버드 대학생처럼 어휘력 기르는 비법 ·········· 217
단어 바꿔 쓰며 어휘력을 다지는 연습 ············ 220
어휘력에서 문장력까지 막힘없는 7단계 지도법 ····· 224
자기주도능력까지 길러주는 글쓰기 공부 ·········· 228

6장. 글 잘 쓰는 아이를 키우는 엄마의 비결

인공지능도 못 따라오는 글쓰기 잘하는 아이 ·················· 235
문해력까지 잡는 글쓰기 비결은 엄마에게 있다 ·············· 241
첫 문장 잡는 비결1. 가르치지 않아야 합니다 ················ 244
첫 문장 잡는 비결2. 하버드 대학생 엄마 말투 흉내 내 보세요 ·· 247
첫 문장 잡는 비결3. 아이를 행동하게 만드는 말을 쓰세요 ······ 251
첫 문장 잡는 비결4. 아이의 말과 글을 존중하세요 ············ 259
첫 문장 잡는 비결5. 잔소리 말고 아이와 협상하세요 ·········· 263
첫 문장 잡는 비결6. 일상에서 자연스럽게 가르치세요 ········ 266
첫 문장 잡는 비결7. 포기하게 내버려 두지 마세요 ············ 270

나가며. 하루 한 문장씩 따라 쓰면 성장하는 아이가 된다 ·········· 272

부록 워크시트_문장 쓰기 연습 ································· 277
워크시트_단어장 만들기 ································ 278
송숙희의 글쓰기 캠프 ····································· 279

1장

첫 문장부터 글쓰기가 두려운 아이

명료하게 글 쓰는 능력은 삶에서 반드시 거쳐야 할
전투에서 이기게 하는 칼이나 M16 같은 소총,
방탄조끼 사용하는 법을 배우는 것과 같다.
그러므로 누군가 할 수 있는 가장 좋은 일은 그에게 글 쓰는 법을 가르치는 일이다.

-조던 B. 피터슨, 심리학 교수

말은 잘하는데, 글은 못 쓰는 아이

또래보다 키가 큰 아이들 가운데는 엄마 아빠의 키가 평균보다 크지는 않은 경우가 있습니다. 반면, 평균 키보다 훨씬 큰 엄마 아빠를 둔 아이들 가운데 키가 그리 크지 않은 경우도 종종 봅니다. 우리 집안에도 이런 경우가 많아 이유를 찾느라 골몰했던 때가 있었습니다. 그러면서 기대치보다 키가 크지 않은 아이들은 키가 한창 클 무렵, 성장판이 아직 열려 있을 때 결정적인 무언가가 결핍되었을 수도 있다는 사실을 알게 되었습니다.

아이 키를 좌우하고, 한시적으로 작용하는 성장판처럼 내 아이의 글쓰기 능력에 관여하는 '언어 성장판'도 초등학교 3~4학년 10살 무렵이면 답힙니다. 금쪽같은 시기를 놓치면 글쓰기 능력을 좌우하는 첫 문장 쓰기를 닦기 어려워집니다.

글쓰기는 기초를 닦으려면 시간을 넉넉히 써야 하는데, 학년이 올라갈수록 아이는 바빠지고 배워야 할 것이 많아지니까요. 글쓰기에 대한 두려움도 깨야 하는 시기인데 말입니다.

글쓰기 기초를 닦는데 적정 시기가 있다

언어 성장판이 닫히기 전 10살 무렵에 글쓰기 기초를 닦지 못하면, 글쓰기 능력을 기르지 못한 채로 어른이 되어 영락없이 '글쓰기 앓이'를 합니다. 사회생활에서 글쓰기가 필요하지 않은 때란 없으니까요. 글을 잘 쓰지 못하는데도 사회생활에서 성공하기란 어렵기 때문입니다.

많은 어른이 글을 잘 못 쓰거나 글쓰기 능력을 발휘하지 못해 일과 일상에서 많은 어려움을 겪고는 합니다. 단지 글을 못 쓰는 것뿐 아니라 그로 인해 무능력한 사람으로 치부되거나 글쓰기 능력을 필요로 하는 성과나 성취를 얻지 못해 좌절하기도 합니다.

저는 글쓰기 코치로 일하면서 전국 방방곡곡 강연하러 다닙니다.

강연을 하며 다양한 연령대, 직업군, 직급을 막론하고 대부분의 성인이 글쓰기를 부담스러워하고 잘 쓰지 못한다는 사실을 알았습니다. 그러면서 '글 못 쓰는 우리 아이, 어떻게 하면 좋을까요?'라는 하소연 담긴 질문도 빠짐없이 받습니다. 글쓰기가 만만하다는 성인이 거의 없듯, 글쓰기를 좋아하고 겁내지 않는 아이가 드물다는 것을 알고 놀랐습니다.

"초등학생인 우리 아이, 어떻게 해야 글을 잘 쓸 수 있을까요?"

거기에 답한 제 질문은 좀 달랐습니다.

"왜 초등학생 아이들이 벌써부터 글쓰기를 두려워하는 걸까요?"

아이가 글쓰기를 겁내는 진짜 이유

이 질문은 오래도록 저를 괴롭혔습니다.

'왜 초등 아이는 글쓰기 앓이가 심할까?'

글쓰기를 기초부터 하나하나 배워서 쓰면, 아이가 자라면서 점점 잘 쓰게 될 텐데, 무엇이 문제인지 의문이 들었습니다. 아이들이 어떻게 글쓰기를 배우는지, 어떻게 글을 읽고 쓰는지 궁금해져 현장을 들여다보았습니다.

여러 경로를 통해 아이들의 글쓰기 현장을 보고 깜짝 놀랐습니다. 거의 모든 아이들이 글쓰기를 어려워했습니다.

아이들은 글쓰기를 학교와 학원에서, 학습지로 배웁니다. 그런데 쓰면서 배우는 연습은 하지 않습니다. 글을 잘 쓰려면 글을 잘 읽어 내는 능력도 필요한데, 제대로 읽는 법을 배우지 못하는 것입니다.

글을 쓰려면 일기 쓰기처럼 과제를 하든지 서술형 평가를 받든지 쓰는 기술을 배우고 연습해야 하는데, 쓰는 과정이 생략된 채로 쓸 줄도 모르면서 글을 써야 하니 아이에게 글쓰기는 어렵고 힘들 수밖에 없습니다.

글쓰기가 어려운 이유를 밝혀 해소해야 하는데 무작정 글을 쓰니, 글쓰기가 불안할 수밖에 없겠지요. 게다가 무작정 쓴 글에 점수가 매겨지고 평가를 받으니 글을 쓸 때마다 아이의 손가락은 오그라들 수밖에 없지요.

글쓰기를 숙제로 접하거나 반성문처럼 하기 싫은 것으로 접하는 환경도 아이에게 좋지 않습니다. 아이에게 글쓰기는 귀찮은 것, 지루한 것, 피해야 할 것이라는 생각이 들 테니까요.

그리고 학교나 학원에서 선생님이 글쓰기를 어려워한다거나 집에서 엄마가 글쓰기를 멀리하고 싫어하면 아이는 자연스럽게 '글쓰기는 골칫덩이'라고 저절로 세뇌됩니다.

글쓰기의 공포는
경험이 쌓여야 사라진다

이런 환경에 놓인 아이는 글쓰기를 어렵고, 힘들고, 하기 싫어 합니다. 글쓰기가 재미없다고 생각해 대충하게 됩니다. 그러다 글쓰기 평가에서도 점수를 엉망으로 받지요. 여기에 엄마의 야단이나 잔소리를 들으면 글쓰기를 향한 아이의 불안은 한껏 고조됩니다. 아이가 글쓰기를 점점 더 겁내고 싫어하고 안 하고 못하면, 악순환은 반복되겠지요.

글을 못 쓰는 아이는 글쓰기를 둘러싼 불안의 몫이 큽니다. 아이의 글쓰기 불안을 알아차리고 다독이고 해소해 주지 않으면 아이의 글쓰기 앓이는 갈수록 위중해질지도 모릅니다.

글쓰기는 원래 어렵고 버거운 작업입니다. 수학이나 과학처럼 정해진 답과 그에 도달하는 공식이 없는 창조적 행위이기 때문입니다. 자기 분야에서 탁월한 성취를 이룬 사람도 글쓰기를 어려워하는 이유입니다.

그러니 글쓰기를 제대로 배우지 않고 경험도 부족한 아이에게는 불안과 공포로 다가올 수 있지요. 당연히 어렵고 힘들게 느낄 수 있습니다.

아이가 글쓰기를 두려워한다면 글쓰기 재능을 타고나지 않아서가 아닙니다. 스마트폰을 끼고 살아서도 아닙니다. 다만 제때에 글쓰기를 제대로 배우지 않았기 때문입니다. 꼭 배워야 할 글쓰기의 기초를 닦지 않고 건너뛴 탓입니다.

글쓰기의 기초는 문장 쓰기

아이가 글을 못 써서 걱정이신가요? 글쓰기 선생으로서 결론부터 말하면 글을 못 쓰는 아이는 없습니다. 그저 글쓰기를 배우지 않아서 못 쓸 뿐입니다. 아이가 글쓰기를 싫어하고 겁내는 이유는 배워야 할 글쓰기 기초를 배우지 못했기 때문입니다.

글쓰기는 말하기처럼 저절로 배워지지 않습니다. 글쓰기는 제대로 배워야만 제대로 구사할 수 있습니다.

아이가 제대로 배워야 할 글쓰기의 기초는 '문장 쓰기'입니다. 문장 쓰기는 글쓰기의 기초이면서 글쓰기의 전부입니다. 문장 쓰기를 못하면 글을 시작하는 첫 문장도 쓸 수 없습니다.

글쓰기의 세포와 같은 문장은 의미를 전달하는 최소 단위의 단어를 모아 만듭니다. 만들어진 문장은 연결하여 구절이 되고, 구절은 문단이 됩니다. 문단의 모음인 한 편의 글은 단어와 부호로 문장을 만들고 연결하여 의미를 전달합니다.

아이들은 초등학교 3학년 무렵에 학교에서 문장 쓰기를 본격적으로 배웁니다. 이때 문장 쓰기를 제대로 습득하면 배워야 할 글쓰기의 모든 것은 다 배웠다고 해도 다름없습니다. 이후에는 문장 쓰기의 연장선입니다.

첫 문장은
완전한 문장을 위한 첫 걸음

아이가 문장 쓰기를 배운다는 뜻은 글쓰기를 배운다는 말입니다. 글쓰기는 문장 쓰기가 전부라고 해도 과언이 아닙니다. 문장 쓰기에 능숙하지 못하면 글을 잘 쓸 수 없습니다. 문장은 단지 단어와 단어를 조립하여 연결하는 것이 아니라 '무엇이 어찌 하다, 무엇이 어떠 하다'라는 의미를 담고 있어야 합니다.

첫 문장부터 술술 써지는 문장은 다음 조건을 갖춥니다.

'의미 구성 성분을 갖춘 완전한 문장이어야 한다.'

한 문장은 그 자체로 의미를 전달하는 임무를 완수해야 하며 이를 위해 문장 구성 성분인 주어, 술어, 목적어를 잘 갖춰야 합니다. 이를 완전한 문장이라 합니다.

완전한 문장을 쓰기 위한 규칙은 수없이 많습니다. 그러나 기본에서 응용까지 모든 것을 배워야만 쓸 수 있다면 문장을 제대로 쓰는 아이는 아무도 없을 것입니다.

초등 아이가 연습하기 가장 적합하고, 의미 구성 성분을 갖춘 완전한 문장을 쓰는데 가장 효과적인 단 하나의 방식은 바로, 문장을 수없이 많이 접하고 흉내 내는 것입니다.

글쓰기로 성공하는 아이를 만드는 비결

손흥민은 현재 '한국 축구 역사상 가장 몸값이 비싼 선수'라고 불립니다. 영국 프리미어 리그에서 뛰는 그의 몸값은 무려 1,200억 원. 손흥민을 키운 것은 선수 출신 유명 축구인이 운영하는 축구 교실이 아니라 '홈 트레이닝'입니다.

손흥민의 아버지는 축구 꿈나무인 아들을 축구 교실에 보내지 않고 손수 가르쳤습니다. 손흥민의 아버지는 아들이 축구를 좋아하도록 만드는 것부터 시도했습니다.

우선 아들에게 축구공을 가지고 노는 재미를 알게 했습니다. 손흥민은 지금도 40분이나 발등에 공을 올리고 떨어뜨리지 않는 묘기를 부럽니다. 공을 자유자재로 가지고 놀면서 묘기를 저절로 익힌 것이지요. 축구공으로 놀며 즐기던 아이에게는 축구 선수의 기본기를 닦는 일도 놀이의 일환이었을 것입니다.

결국 손흥민은 중학교에 입학하자마자 차세대 유망주로 주목받아 독일 축구 리그 분데스리가로 진출합니다. 진출 비결에 대해 손흥민은 이렇게 말합니다.

"저는 어릴 때부터 축구를 진짜 좋아했어요."

글쓰기를 즐기는 아이는 못 따라간다

30년 가까이 올림픽에 출전한 선수를 연구한 고다마 미쓰오는 성적을 내지 못하는 선수는 실력이라는 기본 목표를 달성하지 못한 채로 우승이라는 큰 목표만 꿈꿨기 때문이라고 단언합니다.

글쓰기도 마찬가지입니다. 글쓰기가 즐거우면 글쓰기 기초를 닦고 그다음 과정이 아무리 어려워도 견디고 실력을 쌓습니다. 손흥민의 첫 목표가 공과 친해지기였듯이 아이가 글을 잘 쓰려면, 글과 친해지도록 목표를 삼아야 합니다.

언어 교육자로 세계적인 명성을 자랑하는 스티븐 크라센(Stephen Krashen) 교수도 이와 같은 말을 했습니다.

"언어를 배우려면 즐거워야 합니다."

긴장하면 언어 학습을 담당하는 뇌가 얼어붙어 작동하지 않기 때문입니다. 그는 스트레스가 많은 상황에서 언어를 익히기 어렵기 때문에 정서적으로 편한 상태에서 언어를 잘 배울 수 있다고 조언합니다.

앞에서 엄마에게 혼날까 봐 눈치 보느라 아이가 긴장하여 글쓰기를 못한다는 이야기를 기억하시지요? 아이가 스트레스 받지 않고 글쓰기에 즐거움을 느껴야 하는 이유가 또 있었네요.

축구를 좋아하는 손흥민처럼 내 아이도 글쓰기를 좋아하게 만들면 글쓰기로 큰돈을 벌지 모릅니다. 무언가를 좋아하면 아이나 어른이나 더 잘하고 싶어 하기는 매한가지니까요.

이런 목표가 아니라도 글쓰기 능력은 우리가 살아가는 데 꼭 필요한 능력입니다. 살아 보니 글을 잘 쓸수록 밥벌이에 도움이 되기 때문에 우리 아이들에게 반드시 길러 주어야 할 능력이라고 힘주어 말하고 싶습니다.

손흥민 이야기를 조금 더 해 보겠습니다. 유럽의 언론은 손흥민을 '손세이셔널(Sonsational)'이라고 부른다지요. '손'과 선풍적이라는 뜻의 영어 단어 '센세이셔널(sensational)'을 합쳐 만든 별명입니다. 대체 손흥민의 축구 실력은 얼마나 엄청나기에 이런 별명까지 붙었을까요?

국내외 여러 전문가는 다양한 분석을 내놓습니다. 결정적 순간에 골을 넣는 능력, 탁월한 스피드, 볼의 흐름을 볼 줄 아는 눈, 수비수를 잽싸게 제치는 축구 기술, 강인한 승부욕, 자신감까지. 그런데 그가 이토록 칭송받는 이유는 단연코 기본기 덕분입니다.

세계적인 선수가 된 지금도 손흥민은 하루 1,000번의 슈팅 연습을 한다고 합니다. 슈팅은 축구 선수의 기본기라 하루도 연습을 거를 수 없다고 하지요. 손흥민이 세계적인 선수가 된 비결이 슈팅이라는 기본기에 있다면, 우리 아이가 글쓰기를 잘하기 위해 갖춰야 할 기본기는 무엇일까요?

이 세상에 글을 못 쓰는 아이는 없다

 저는 글쓰기 코치입니다. 수많은 곳에서 글 잘 쓰는 법을 강연하고, 기업이나 대학교에서 글쓰기 능력 향상 개발 워크숍을 합니다. 개인적으로 글쓰기 수업 요청이 들어오면 따로 지도도 합니다.
 여러 곳에서 여러 사람을 대상으로 글쓰기 강연을 하지만, 현장에서 주장하고 강조하는 바는 이렇습니다.

 '글을 잘 쓰려면 주제를 잘 잡아야 한다.'
 '글을 잘 쓰려면 논리적으로 생각해야 한다.'
 '글을 잘 쓰려면 내용을 짜임새 있게 구성해야 한다.'

'글을 잘 쓰려면 독자 입장에서 써야 한다.'
'글을 잘 쓰려면 설득력 있게 써야 한다.'
'글을 잘 쓰려면 잘 읽히게 써야 한다.'
'글을 잘 쓰려면 문법에 오류 없게 써야 한다.'
'글을 잘 쓰려면 고쳐 쓰기를 해야 한다.'
'글을 잘 쓰려면 피드백을 받아야 한다.'

수강생은 숨이 턱에 찰 만큼 제 말을 부담스러워하지만, 실제로 글을 잘 쓰려면 이 정도로는 택도 없습니다. 글 잘 쓰는 비법은 수백 가지나 될 테니까요.

하지만 어떤 글쓰기 비법도 기본기가 마련되지 않으면 의미가 없습니다. 슈팅을 제대로 할 줄 모르는 손흥민이라면 탁월한 스피드가 무슨 소용이 있으며, 슈팅도 못하면서 결정적인 순간에 골을 넣을 수 있을까요?

내 아이는 제대로 쓰는 아이일까?

생각을 문장에 담는 일의 반복이 글쓰기입니다. 한 구절이든 하나의 단락이든 한 편의 글이든, 한 권의 책이든 문장으로 시작하고 문장으로 끝납니다. 생각을 한 문장으로 담는 기초 능력이 없이는 어떤 글쓰기 비법도 소용없습니다.

 무슨 글이든 척척 잘 쓰는 기본기는 문장 쓰기에서 나옵니다. 문장은 글로 표현하는 의사소통의 규칙이기에 문장 쓰기라는 기초 없이 어떤 글도 읽힐 수 없습니다.

 문장 쓰기의 기본은 단순히 쓰는 행위가 아니라 '제대로 쓰는 것'입니다. 제대로 쓴 문장은 읽는 사람이 문장을 이해하고, 글 쓴 사람의 의도한 반응을 이끕니다.

 문장은 우선 쓰고, 고쳐 쓰기를 반복하면서 완성하는 과정을 거칩니다. 이 과정이 제대로 이뤄지면 제대로 쓴 문장이 됩니다. 이렇게 문장을 쓰다 보면 아무리 글을 처음 쓰는 사람일지라도 첫 문장 쓰기에 대한 두려움이 사라집니다. 아이도 마찬가지입니다.

 문장을 쓰지 못하면 글을 잘 쓸 수 없습니다. 글쓰기 기초는 문장 쓰기로 세워야 합니다. 그래야 초등학생 때부터 글쓰기를 두려워하는 아이가 되지 않을 수 있습니다. 글쓰기를 배우기 시작하는 10살 무렵부터 아이가 글쓰기를 두려워하는 이유는 문장의 기본 개념과 왜 문장이 중요한지 모르기 때문입니다.

 무엇보다 글쓰기는 첫 문장이 좌우합니다. 첫 문장이 제대로 나오지 못하면 절대 그다음으로 넘어가 잘 쓸 수 없으니까요. 그러니 글쓰기에 대한 두려움을 극복할 수 있도록 아이에게 문장 쓰기를 알려주세요.

아이가 글을 제대로 못 쓴다고요? 아닙니다. 당신의 아이는 아직 문장 쓰기를 배우지 못했을 뿐입니다.

책 100권은 읽지만 첫 문장도 못 쓴다면

작가, 기자, 카피라이터처럼 글쓰기로 먹고사는 사람에게 글 잘 쓰는 비결을 물어보면 예외 없이 이렇게 대답합니다.

"많이 읽어야 잘 쓸 수 있습니다."

글쓰기를 가르치는 학교 선생님이나 글쓰기 전문가, 글쓰기 학원, 학습지 등에서 손꼽는 글 잘 쓰는 비결 또한 이것입니다.

"잘 읽어야 잘 쓸 수 있습니다."

크라센 교수는 '언어는 배우지 않아야 잘 배운다'라고 단언합니다. 언어 습득이 부진한 사람은, 잘못된 인식을 가지고 있기 때문이라고 콕 집어 알려줍니다.

'우리는 먼저 언어 '기술'을 학습하고 나서 이 기술을 읽거나 쓰기에 적용한다고 생각한다.'

우리가 언어를 배우는 데 발생하는 문제점은 원인과 결과를 혼동하기 때문이라는 것이지요. 실제로 우리 뇌는 쓰는 기술을 배워 쓰기에 적용한다고 해서 개발되는 것이 아니라 '읽음'으로써 쓰기가 발달합니다. 그렇기에 잘 쓰려면 우선 잘 읽어야 합니다.

읽기 능력이 뒷받침되지 않으면 글쓰기는 불가합니다. 쓰는 힘은 읽는 힘에서 나오기 때문입니다.

'쓰는 능력'은 동시에 '읽는 능력'을 말합니다. 한 문장을 쓰고 한 문장을 읽으며 다음 문장을 씁니다. 쓴 글을 읽으며 의도한 대로 의미를 담았는지 살펴서 고쳐 쓰기를 합니다. 이때, 자신이 쓴 글을 제대로 읽어 내지 못하면 고쳐 쓰기가 불가능합니다. 잘 읽지 못하면 잘 쓸 수 없기 때문입니다.

쓰기는 글쓴이의 생각을 구성하여 표현한 행위입니다. 잘 쓰인 글을 읽으며 글 속에 구현한 생각하기를 배웁니다. 설득력 있는 글을 쓰기 위해 자료를 수집할 때도 읽기 능력은 필수입니다.

잘 읽는 사람이 곧 잘 쓰는 사람

글을 잘 쓰는 사람은 반드시 글을 많이 읽습니다. 하지만 일 년에 수백 권을 읽는 사람이라고 반드시 글을 잘 쓰지는 않습니다. 똑같이 많이 읽지만 글을 잘 쓰거나 그렇지 않은 이유는 글을 읽는 태도와 습관 때문입니다.

크라센 교수는 아이가 읽기에 사로잡혀야 노력하지 않아도 언어를 습득할 수 있다고 알려줍니다. 읽기를 잘하면 어휘를 습득하고 복잡한 문법 구조를 이해하고 사용하는 능력이 발달하며 문체가 좋아지고 철자를 무난하게 쓰는 등 쓰기 능력이 저절로 발달한다고 설명합니다.

그에 따르면, 잘 읽는 사람이 문법 철자 쓰기 등에 심각한 오류가 있는 경우란 거의 없다고 합니다. 잘 읽는 사람이 잘 쓰는 사람인 것은 읽기를 통해 무의식적으로 좋은 문체 등 쓰기 영역의 대부분을 습득하는 일이 가능하기 때문입니다.

역시 내 아이가 글을 잘 쓰려면 읽기 능력을 길러 주는 일이 우선순위겠네요.

잘 쓰기 위한 읽기법은 읽으며 글쓰기의 기본 문장의 원리를 배우고, 한 편의 글을 구성하는 문장, 단락이 어떻게 작용하는지 알려줍니다. 이러한 읽기로 글쓰기에 대한 안목을 길러서 자신이 쓴 글을 볼 줄 알고, 고쳐 쓰면서 완성도를 높이는 감각 또한 기를 수 있습니다.

잘 쓰기 위해 읽는 읽기법은 주의 깊게 읽어야 가능합니다. 문장을 읽고 받아들이기만 하지 않고 주시하며 깊이 있게 읽는 습관이 필요합니다.

반드시 잘 쓰게 되는 사소한 행동 하나

스탠퍼드대학교에서 행동경제를 연구하는 BJ 포그(Brian Jeffrey FOGG) 박사는 20여 년 동안 6만 명 이상의 삶을 추적하고 코칭했습니다. 그는 인생을 극적으로 변화하게 만드는 사람은 열정, 의지에 집착하지 않고 변화를 부르는 지극히 작고 사소한 행동을 반복했다고 알려줍니다.

올림픽 선수 연구 전문가 고다마 미쓰오는 이러한 작고 사소한 행동을 '행동 목표'라 부릅니다. 가령 골프에서 우승하겠다고 목표를 설정했다면 매일 한 시간씩 쇼트 퍼팅을 연습하겠다는 구체적인 행동을 목표해야 원하는 바를 이룬다는 뜻이지요.

'글을 잘 쓰려면 기본기를 갖춰야 한다. 글쓰기의 기본기는 잘 읽는 것이다. 잘 읽으려면 주의 깊게 주시하며 읽어야 한다.'

위의 목표를 달성하려면 구체적으로 어떻게 행동해야 할까요? 아이에게 어떤 방법을 써야 '잘 쓰는 글'이라는 목표에 다다를 수 있을까요? 바로, 누구나 따라 할 수 있는 쉽고 간편한 글쓰기 비법 '따라 쓰기'입니다.

세상에서 가장 쉬운
글쓰기 연습법

따라 쓰기는 잘 쓴 글을 주의 깊게 읽으며 자신의 것으로 만드는 방법입니다. 글을 주의 깊게 잘 읽기 위해 단어, 문장부호는 물론 띄어쓰기까지 그대로 흉내 내 따라 씁니다.

손으로 쓰면서 주의 깊게 읽다 보면 눈으로 읽을 때는 알아차리지 못한 것을 발견합니다. 글쓴이의 입장에서 어떤 단어를 조립하여 어떤 의미를 전달하는지, 문장을 구성하기 위해 어떤 형식을 사용했는지 알게 됩니다.

의도한 대로 의미를 전달하기 위해 어떤 단어를 선택하고 어떤 순서로 배열했는지, 문장부호를 사용하는 기술 등 어려운 글쓰기 기술을 읽고, 쓰면서 알아보게 됩니다.

대부분의 읽기는 내용에서 유용한 정보나 의미, 재미를 뽑아 내는 방식입니다. 이런 읽기 방식으로는 글쓰기 기술을 배우기 어렵습니다. 하지만 손으로 쓰면서 읽으면 글쓰기 기술을 습득하기에 효과적이지요.

문장을 잘 쓰려면 내용이 아니라 문장에 집중해 읽어야 합니다. 문장을 대상화하는 자세를 가져야 가능합니다. 문장의 형식에 관심을 가지고 표현 방식을 관찰하면서 따라 쓰면 잘 쓰는 글쓰기가 가능합니다.

글을 쓰면 쓸수록 쓰는 힘은 읽는 힘에 달렸음을 통감합니다. 읽지 않은 분야의 글은 쓸 수가 없습니다. 글을 읽을 줄 알아야 쓸 수 있다는 사실은 자신이 쓴 글을 읽으며 무엇을 썼고, 무엇을 쓰지 않았는지 파악해야 한다는 의미입니다. 그러면 써야 할 글이 보이고, 쓰지 말아야 할 글도 알게 되니까요.

글쓰기 고수들의
첫 문장 쓰기
비결

무려 500만 부나 팔린 베스트셀러 《12가지 인생의 법칙》을 쓴 작가이자 온 세계 청년이 따르는 멘토, 토론토대학교 심리학과 조던 B. 피터슨(Jordan Bernt Peterson) 교수입니다.

피터슨 교수는 "명료하게 글 쓰는 능력은 삶에서 반드시 거쳐야 할 전투에서 이기게 하는 칼이나 소총, 방탄조끼 사용하는 법을 배우는 것과 같다"라고 말합니다. 그렇기에 '타인에게 할 수 있는 가장 좋은 일은 그에게 글 쓰는 법을 가르치는 일'이라고 말하면서 덧붙여 아쉬움도 전합니다.

> "글쓰기를 가르치는 것은 누구에게나 너무 어려운 일이라 잘 가르치는 사람이 없습니다."

그렇습니다. 글쓰기를 잘 가르치는 사람이 없는 이유는 글쓰기는 배울 수 없기 때문입니다. 글쓰기는 기술적으로 배우기보다 읽으면서 쓰고 보고 배우는 것입니다. 오랜 시간, 글쓰기로 능력을 발휘해 온 사람은 이런 방법을 '따라 쓰기'라고 불렀습니다.

잘 쓴 문장, 구절, 단락, 한 편의 글을 따라 쓰면 손끝을 통해 아이의 뇌리에 잘 쓴 문장, 구절, 단락, 글이 차곡차곡 쌓입니다.

글을 쓸 때 자신에게 쌓인 훌륭한 문장을 하나씩 참고하면 글쓰기가 얼마나 수월한지요. 이렇게 기본기가 탄탄하면 첫 문장을 쓰는 힘이 저절로 길러지지요.

이제부터 글쓰기 기본기를 구성하는 문장 쓰기와 첫 문장을 쉽게 쓰게 하는 읽기법, 쉽고 재미있는 글쓰기 연습법을 하나하나 소개합니다.

2장

글 잘 쓰는 아이는 무엇이 다를까?

글을 잘 읽는 사람이 잘 쓴다.
왜냐하면 읽는 과정을 통해서 무의식적으로
글을 잘 쓰게 되는 스킬을 습득하기 때문이다.

-스티븐 크라센, 언어학자

자기 생각을 한 문장으로 못 쓰는 사람

저는 '회사형 인간'을 졸업하며 글쓰기 코치로 데뷔했습니다. 글쓰기, 책 쓰기 코치로 강연하면서 생각과 경험을 책으로 출간하면 저자로 근사한 삶을 산다는 메시지를 퍼뜨렸습니다. 강연에 많은 사람들이 몰려들었습니다.

그런데 강연에 온 사람들이 글쓰기를 너무 힘들어했습니다. 예비 저자들은 대학교를 졸업하고 십 수년 넘게 사회생활을 하며 자기 분야에서 나름 일가를 이룬 사람이 대부분이었습니다. 그런데도 그들은 자신의 생각과 경험을 글로 쓰는 일을 매우 어려워했습니다.

그들은 한 문장에 자신의 생각을 조리 있게 표현하기는커녕, 자신도 무슨 생각으로 문장을 썼는지조차 모르는 경우가 허다했습니다. 논술고사로 대학교에 입학했던 직장인도 한 문장 쓰기를 고역스러 워했습니다.

  내로라하는 기업에 다니는 전문직 직장인조차 자신의 생각을 똑바르게 써 내지 못했습니다. 그들은 회사에서 마련해 준 기회로 또는 큰마음을 먹고 사비를 써 글쓰기 수업에 참여했지만, 글쓰기 기술과 능력은 하루아침에 향상되는 것이 아니어서 좌절만 느끼고 그만두기 십상이었습니다.

  처음에는 글쓰기 수업을 들으러 오는 사람만 그렇다고 생각했지만 여러 출판사에 물어보니 출판사에 들어오는 원고 가운데 말이 되도록 글을 쓴 경우가 극히 드물다고 했습니다.

  시간이 쌓이면서 이런 현상의 원인은 단 하나, 제대로 된 체계적인 글쓰기를 배우지 못했기 때문이라고 결론을 내렸습니다. 평생에 걸쳐 단 한 번도 글쓰기의 기본기를 닦지 않았기 때문입니다.

  반면, 이런 어른도 있습니다.

"송 선생님, 덕분입니다. 그때 따라 쓰기를 배우지 못했으면 어쩔 뻔했어요."

때마다 잊지 않고 인사를 챙기는 방승호 선생님(서울시교육청 교육연구

관)의 말입니다. 학교에 노래하는 교장 선생님으로 불리며, 재임하는 학교의 학교 폭력을 없애는 데 애쓴 분입니다. 이런 경험을 담아 책을 여러 권 내고 유명 저자가 되었지요.

  선생님은 제가 진행한 책 쓰기 교실에서 따라 쓰기 연습법을 접한 후 매일 따라 쓰기를 했고 덕분에 책까지 내었다고 자랑합니다. 강연에 초청받을 때마다 따라 쓰기를 하면 글을 잘 쓸 수 있다고 따라 쓰기 연습법을 전도하기도 합니다.

남의 글을 따라 쓰면서 배우는 글쓰기 기술

  책 쓰기, 글쓰기 강연을 한 지 20년이 지난 지금, 책 쓰기 강연과 동시에 글쓰기 수업에 더 많은 시간을 할애하고 공을 들입니다. 강연은 글쓰기가 업무의 태반인 직장인의 글쓰기를 다양한 방법으로 돕기 위해 구성합니다.

  책 쓰기, 보고서 쓰기, 인터넷 글 쓰기든 간에 저를 찾는 모든 사람에게 글쓰기 능력을 개발하려면, 따라 쓰기 연습부터 하라고 합니다. 훌륭한 남의 글을 따라 쓰면서 훌륭한 글쓰기 기술을 배울 수 있다는 소신 때문입니다.

신문기자 중에서도 글 잘 쓰기로 소문난 칼럼니스트가 쓴 칼럼을 따라 쓰면 핵심을 간단명료하게 전달하는 글쓰기를 배울 수 있다고 합니다.

어른들이 따라 쓰기로 글쓰기를 잘할 수 있다면 아이들은 말할 필요가 없습니다. 모든 것을 쑥쑥 흡수하는 아이들에게는 더 효과적일 테니까요.

이 책에 초등 아이만을 위해 글쓰기 기본기를 탄탄하게 다지도록 따라 쓰기 연습법을 따로 만들었습니다.

'교과서 따라 쓰기'라는 이름의 연습법으로 글쓰기 기본기를 구성하는 읽기 능력을 기르고, 문장 쓰기 기초를 한꺼번에 닦을 수 있는 연습법입니다.

〈뉴욕 타임즈〉도 인정한 최고의 글쓰기 연습법

　미국 비영리기구 '국립 글쓰기 프로젝트'는 미국의 정부기구의 하나로 전 국민의 글쓰기 역량을 강화하고 개선하기 위한 연구 개발을 집중하는 곳입니다. 이곳 홈페이지에서는 효과적인 글쓰기 연습법의 하나로 '멘토 문장(Mento Text) 모방하기(Copy)'를 추천합니다.

　'멘토 문장은 선생님과 학생 모두 읽고 연구하며 모방할 만한 글을 말하는데, 학생들이 더 쉽고 편하게 글쓰기 전략과 형식을 배우고 시도하도록 돕는다.'

국립 글쓰기 프로젝트는 어려서부터 멘토 문장, 즉 명문(名文)을 모방하면, 글쓰기 역량을 기를 수 있다고 조언합니다.

대신 멘토 문장은 아이들과 직접적으로 관련되며 아이들이 스스로 읽을 수 있는 수준의 내용이어야 한다고 단서를 답니다. 그렇다고 멘토 문장을 반드시 책에서 뽑을 필요는 없으며 시, 신문 기사, 노래 가사, 만화, 설명서, 에세이 등 거의 모든 글에서 뽑을 수 있다고 설명합니다. 잘 쓰인 글이라면 어떤 문장도 따라 쓸 수 있다는 것이지요.

미국의 대표 신문 중 하나인 〈뉴욕 타임즈〉에서는 교육 당국이 강조하는 멘토 문장의 가치에 동조하며 글쓰기 함양 교육 캠페인을 전개합니다. 〈뉴욕 타임즈〉에 게재된 잘 쓴 글을 멘토 문장으로 삼아 학교나 가정에서 따라 쓰면서 글쓰기 방법을 배우고 다양한 글쓰기 방법을 경험하도록 유도합니다.

〈뉴욕 타임즈〉는 기사를 통해 멘토 문장 따라 쓰기가 '읽기-쓰기-말하기-듣기'를 통합하는 K-12 교육(유치원부터 고등학교에 이르는 미국의 정규 교육) 과정 중 쓰기 능력을 길러 주는 데 매우 탁월한 도구라고 강조합니다.

일선 학교와 학부모는 아이에게 〈뉴욕 타임즈〉가 제공하는 멘토 문장을 활용하여 따라 쓰게 함으로써, 아이가 문장의 구조에서 단어 선택까지 구체적인 기술을 파악하여 모방하면서 글쓰기 기술을 배우도록 합니다.

미국 엄마들의 우상, 샬롯 메이슨표 글쓰기법

코로나19로 등교하지 못하는 아이들 때문에 세계 모든 가정에서 난리가 났지요. 미국 학부모는 아이의 학습 결손을 메우기 위해 홈스쿨링의 여왕, 샬롯 메이슨 여사가 강력하게 추천하는 비법에 열광했습니다. 바로, 〈카피 워크(Copy Work)〉입니다. 이름에서 알 수 있듯 좋은 글쓰기의 본보기가 될 만한 잘 쓴 문장을 따라 쓰는 방법을 말합니다.

따라 쓸 내용은 아이의 연령에 따라 다르지만, 좋아하는 그림책의 문장부터 성서의 한 구절, 위대한 문학 작품 한 구절까지 어떤 문장이든 포함될 수 있다고 알려줍니다.

이처럼 따라 쓰기는 쉽고 간단하면서도 글쓰기 기술을 익히는데 탁월한 효과를 증명합니다. 아이에게 좋은 것이라면 수고를 마다하지 않는 엄마들이 왜 따라 쓰기 연습법을 활용하는지 알겠지요?

첫 문장을 잡는 치트키, 교과서 따라 쓰기

　제가 운영하는 인터넷 글쓰기 캠프는 신문 칼럼을 따라 쓰게 연습할 수 있는 공간입니다. 매일 신문 칼럼을 따라 쓰며 글쓰기의 기본기를 다지게 돕는 곳입니다. 글쓰기 캠프에 가입하려면 글쓰기와 관련된 애로 사항이 무엇이냐고 묻는 질문에 답해야 합니다. 그중에 가장 많은 답변입니다.

"글을 쓰려면 막막해요."
"첫 문장을 어떻게 시작하면 되는지 모르겠어요."
"글을 쓰면 쓸수록 엉뚱한 내용을 쓰게 돼요."

"글쓰기를 생각하는 자체만으로 체하는 것 같아요."

"보고서를 내면 매번 '핵심이 뭐야?'라고 들으니 스트레스가 이만저만 아닙니다."

2010년부터 글쓰기 최고의 연습법으로 따라 쓰기를 전도해 온 글쓰기 코치로서 단연코, 따라 쓰기가 애로 사항의 특효라고 장담합니다. 글쓰기 캠프에 무려 10년째 따라 쓰기를 연습하는 사람이 있는데 그가 증거입니다. 그는 자신의 이름으로 책을 낸 저자인데 아직도 따라 쓰기를 연습합니다.

저는 글쓰기 강연을 가서도 따라 쓰기로 글쓰기를 연습하라고, 기승전 따라 쓰기로 결론을 맺습니다. 35년째 글밥을 먹는 저 역시 여전히 따라 쓰기를 하며 매일 기본기를 확인한다고 설명합니다. 그러면 꼭 이런 질문이 나옵니다.

"아이들도 신문 칼럼을 따라 쓰면 글쓰기가 느나요?"

"그럼요, 물론이죠. 아이들도 따라 쓰기로 글쓰기를 배울 수 있습니다. 다만, 아이들은 교과서 따라 쓰기부터 시작하도록 도우세요."

이렇게 대답하고 아이를 위한 교과서 따라 쓰기 연습법을 덧붙입니다.

"아이에게 교과서 내용을 원고지나 공책에 그대로 일일이 옮겨 쓰게 하세요. 교과서를 따라 쓰면서 아이는 글쓰기와 글쓰기에 필요한 필수 기술인 읽기를 동시에 배울 수 있습니다."

쓰기와 읽기를 동시에 하는
초특급 글쓰기 연습

잘 쓴 글을 따라 쓴다는 말에서 관건은 따라 쓸 만한 최적의 글을 고르는 일입니다.

내 아이에게 모범적인 글쓰기의 사례로써 안심하고 따라 쓸 글은 단연, 교과서가 최고입니다. 교과서에 수록된 글은 수많은 전문가가 힘을 모아 만든 모범적인 글이지요.

주제별로 최고 전문가가 아이의 발달 단계에 맞게 글을 쓰고, 이 글을 바르게 정리하고 쉽게 다듬는데도 최고의 전문가가 동원됩니다. 잘 쓰고 못 쓴 글은 주관적인 영역이라 평가가 엇갈리기도 하지만 교과서의 글은 문법 규칙과 글쓰기 약속에 맞춰 제대로 쓴 글임에는 분명합니다. 초등 아이의 글쓰기 기본기를 다지기에는 교과서 따라 쓰기만한 것이 없습니다.

첫 문장 쓰기가 두렵고 힘든 아이를 키우고 있나요? 아이에게 교과서에 수록된 완벽한 문장을 따라 쓰게 함으로써 글쓰기의 기초인 문장 쓰기와 읽기를 연습하게 도와주세요. 아이는 구절, 문단, 한 편의 완성문을 따라 쓰기까지 차근차근 시도하고 도전하여 탄탄한 글쓰기 기초를 다질 것입니다.

초등학교 졸업하기 전까지 해야 하는 이유

교과서 따라 쓰기는 글 쓰는 사람과 초등 아이를 연결하는 유일한 통로입니다. 이 활동은 의미를 전달하는 최소 단위인 문장을 바르게 쓰는 기초 능력을 길러줍니다. 아이가 제대로 연습하면 자신의 생각을 문장으로 척척 담는 첫 문장 쓰기 기초를 만듭니다. 그러면 감정을 표현하는 글쓰기, 조리 있게 생각을 전달하고 설득하는 글쓰기 등 어떤 글도 잘 쓰게 됩니다.

교과서 따라 쓰기는 초등학생이 배우는 교과서에서 뽑아낸 다양한 문장을 한 줄씩 따라 쓰는 것을 시작으로 구절과 단락, 완성문 한 편을 따라 쓰도록 설계되었습니다. 책이 안내하는 대로 차근차근 단계를 높이면 초등 아이가 부담 없이 게임하듯 즐겁게 문장 쓰기의 기초를 다지고, 글쓰기의 두려움에서 해방되어 글을 잘 쓰고 싶다는 욕심을 내는 아이로 바뀝니다.

교과서 따라 쓰기는 순서대로 진행합니다. 첫 번째는 교과서에서 뽑은 멘토 문장을 하루 한 문장씩 따라 씁니다. 잘 쓴 문장을 따라 쓰면서 문장 쓰기의 기초를 배웁니다.

그다음에는 교과서에 실린 잘 쓴 글의 구절과 단락, 그리고 글 한 편을 통째로 따라 씁니다. 마지막으로 교과서 따라 쓰기를 통해 배운 대로 자신의 글을 씁니다. 수집한 문장을 기반으로 첫 문장을 쓰고, 이어 구절과 단락을 쓰고 마침내 글 한 편을 완성하는 것입니다.

교과서 따라 쓰기는 문법이나 표기법을 가르치는 교육으로 불가능하며, 다만 '읽기'를 통해 스스로 배울 수 있고 주의 깊게 읽어야 가능하다는 언어 전문가의 이론을 바탕으로 합니다.

이 이론을 오랜 시간 많은 성인에게 '잘 쓰인 글 따라 쓰기'라는 이름으로 글쓰기 수업 현장에서 활용했습니다. 문서 작성, 소셜 미디어 글쓰기, 책 쓰기 등 다양한 글쓰기에서 나타났습니다. 많은 분이 따라 쓰기로 글을 잘 쓰게 되고 글쓰기가 좋아졌으며 만족할 만한 성과를 냈다고 증언했습니다. 이제 성인뿐 아니라 아이들에게도 따라 쓰기의 기적을 함께 내보고자, 교과서 따라 쓰기 연습법을 만들었습니다.

집에서 가르치기 쉬운 글쓰기 연습법

집에서 엄마가 아이의 글을 잘 쓰게 돕기란 거의 불가능하다는 주장이 있습니다. 이와 반대로 홈스쿨링 경험자와 전문가는 아니라고 말합니다. 마치 아기가 사람들의 문장 패턴, 음성 변곡, 억양을 따라 하며 말하기를 배우듯 글쓰기 역시 다른 사람의 글을 따라 쓰면서 배울 수 있으며, 따라 쓰기는 글쓰기를 배우는 최고의 방법이라고 강조합니다.

이것은 잘 쓴 글을 대상화하여 읽음으로써 글의 구조와 용법을 익히고 자기화하는 모방 학습의 전형입니다.

교과서 따라 쓰기는 따라 하기 쉽고 언제 어디서든 가능하며 비용이 들지 않고, 준비물이 필요 없습니다. 따라서 집에서 충분히 교육이 가능합니다. 엄마가 따로 할 일도 하나 없습니다. 아이에게 단계별로 과제를 주기만 하면 그뿐이니까요.

이 책은 초등학교 저학년 학생을 위해 마련한 문장 쓰기 기초 프로그램이지만, 문장 쓰기의 기초를 닦지 못한 채로 성인이 되어 글쓰기를 어려워하는 사람들에게도 유효합니다.

읽고 쓰는 힘을 기르는 최고의 교재

미국의 인지 심리학자인 버지니아대학교 대니얼 윌링햄(Daniel Willingham) 교수는 이렇게 주장합니다.

"공부 잘하는 아이는 문장 이해 능력이 탁월하다. 이 능력을 기르려면 읽기를 잘해야 한다."

그는 디지털 시대일수록 책 읽는 아이로 키워야 하는 이유라고 설명합니다. 읽는 힘은 또한 쓰는 힘이기도 하니 아이에게 '닥치고 읽기' 미션을 내릴 법도 합니다. 그런데 요즘 아이들은 '디지털 기기'에

포박되어 있습니다. 디지털 기기를 통해 밀려오는 정보의 홍수, 그로 인해 충동적이고 산만하기 짝이 없습니다. 디지털 기기에 의지하느라 기억하는 힘이 취약하며, 인터넷 포털 사이트, 스마트폰에 생각을 내맡겨 스스로 생각하지 않는 증상까지 보입니다. 그렇게 아이들은 공부하는 힘, 쓰는 힘 '읽기'를 멀리합니다.

조금이라도 진득하게 몰두해야 하는 '텍스트 읽기'를 싫어합니다. 읽더라도 금세 까먹고, 엉뚱하게 읽기 일쑤입니다. 하지만 공부를 잘하고, 글을 잘 쓰려면 읽기를 외면해서는 안 됩니다.

명문은 어디에서 찾을까

첫 문장을 술술 쓰고, 잘 쓰는 글은 물론, 학습 능력을 향상하는 데 기여하는 최고의 비법은 놀랍게도 따라 쓰기입니다. 그런데 따라 쓰기의 성공은 어떤 문장, 어떤 글을 골라 따라 쓰는지에 달렸습니다. 과연 따라 쓰는 것만으로 글쓰기가 향상되는 멘토 문장은 어디서 찾을까요?

논리 정연하게 생각하고 말하고 글쓰기가 업무상 매우 중요한 성인에게는 신문 칼럼을 따라 쓰라고 권합니다. 신문 칼럼은 하나의 주제를 일정한 분량으로, 논리적으로 쓴 훌륭한 문장이거든요.

제가 소설가를 꿈꾸며 습작하던 대학생 시절에는 명작 소설을 따라 쓰기도 했고, 한때 시나리오를 쓰고 싶을 때는 흥행에 성공한 시나리오를 따라 쓰기도 했습니다. 이처럼 따라 쓸 문장을 고를 때는 목표에 맞게 문장을 골라야 합니다. 글쓰기의 기초를 다지기 위해 문장 쓰기를 연습하는 아이에게는 목표에 맞는 교과서에 수록된 문장과 글을 따라 쓰게 하는 것이 좋습니다.

교과서에서 뽑은 문장만큼 아이에게 훌륭한 문장이 없지요. 교과서에 수록된 글은 초등학생의 발달 단계에 맞춰 엄선한 것입니다. 또한 교과서에서 뽑은 문장은 아이가 해야 할 학교 공부를 추가로 하는 기분이 들지 않게 하는 데도 그만입니다.

또 명료한 문장 쓰기에 직결되는 문법도 저절로 배웁니다. 교과서에 실린 글은 전문가가 쓰고 전문가가 여러 단계로 꼼꼼하게 검수하여 싣는 수준 높은 명문이니까요.

초등 아이는 정보를 전달하는 글, 설득하는 글, 친교나 정서를 표현하는 글 세 가지 유형을 중심으로 설명하는 글쓰기, 주장하는 글쓰기, 체험에 대한 감상을 표현하는 글쓰기, 마음을 표현하는 글쓰기, 상상하는 글쓰기 등을 배웁니다. 이런 유형에 대한 최고의 예문이 교과서에 다 있습니다. 예문에서 발췌한 문장, 문단을 멘토 문장으로 삼아 따라 쓰는 것만으로 글쓰기 공부가 저절로 됩니다.

교과서에서 훌륭한 문장을 찾아 따라 쓰기 습관을 들이다 보면 교과서에 대한 아이의 인식이 달라집니다. 교과서 내용에 관심을 갖게 되고 교과서 중심으로 공부하기 좋지요. 그러면 어느 날, 내 아이가 "저는 교과서만 보고 공부했어요"라며, 공부 비결을 소개하는 인터뷰를 하게 될지도 모릅니다.

교과서 속
멘토 문장 따라 쓰기

서울대학교 논술시험 출제를 도맡아 온 최명옥 교수는 서울대학교 학생들에게 프랑스 등 대부분의 선진국에서 좋은 시, 글을 완전히 암기하도록 가르친다고 말합니다. 그에 반해 우리나라에서는 현대 시 한 편을 외우는 고등학생을 찾아보기 힘들 정도라며 "좋은 글을 쓰려면 좋은 글을 많이 읽고 암기해야 한다"라고 조언합니다.

교과서 멘토 문장을 따라 쓰다 보면 문법에 맞는 탄탄한 문장을 수없이 접합니다. 유사한 패턴을 가진 교과서 속 문장을 읽고 쓰면서 또 읽습니다. 이 과정에서 문법이 문장에 어떻게 반영되는지 사례를 통해 배우게 되지요. 또 손으로 일일이 따라 쓰는 과정에서 의미에 맞는 단어를 고르고 배열하는 방식도 배웁니다. 교과서 속 문장을 따라 쓰다 보면 다양한 표현을 접하고 쓰면서 외우는 어휘가 아이의 내면에 차곡차곡 쌓입니다.

너무 쉽다고요? 아이에게는 엄마만큼 쉬운 일은 아닐 수 있습니다. 그저 따라 쓰게 하세요.

아이가 처음 바닥을 기었을 때, 처음 일어섰을 때, 처음 달렸을 때처럼 순차적으로 배운 것을 기억한다면 따라 쓰기의 위력을 짐작하실 것이라 생각합니다. 이제, 교과서 따라 쓰기 방법을 좀 더 자세히 소개합니다.

고르고,
따라 쓰고,
확인하기가 전부다

글쓰기 수업 현장에서 따라 쓰기의 위력을 실감하고 나서《읽기 쓰기를 다 잘하려면 지금 당장 베껴쓰기 하라》를 썼고, 책은 10여 년 가까이 꾸준히 잘 팔립니다.

이 책을 쓸 때만 해도 따라 쓰기를 '베껴 쓰기'라고 표현했습니다. 그런데 베껴 쓰기를 연습하는 사람들이 건성으로 하는 것을 발견했고, 괜히 손 아프고 시간만 낭비할 뿐이라는 생각에 '진지한 베껴 쓰기'라는 의미를 담아 '따라 쓰기'라고 표현했습니다. 기계적으로 옮겨 쓰는 베껴 쓰기로는 애초 의도한 문장 쓰기와 글쓰기 연습의 효과가 나지 않았기 때문입니다.

문장과 글을 고르는 순간부터 소리 내어 읽고 용의주도하게 옮겨 쓸 때라야 비로소 문장과 글쓰기 연습 효과가 발휘됩니다.

교과서 따라 쓰기는 이렇게 저렇게 하지 말라는 복잡한 매뉴얼이 없습니다. 너무도 간단하기 때문입니다. 단, 딱 하나 지켜야 할 규칙이 있습니다. 한 문장이라도 반드시 '3C'로 따라 쓰라는 것입니다.

교과서 따라 쓰기 3C란 교과서에서 따라 쓸 문장을 골라 소리 내어 읽기, 소리 내어 읽은 교과서 속 문장을 외워 따라 쓰기, 제대로 썼는지 교과서 원문 보며 확인하기입니다.

각 단계의 핵심은 고른다(Choice), 따라쓴다(Copy), 확인한다(Check)입니다.

**Choice
고른다**
따라 쓸 문장을 골라
소리 내어 읽기

**초등 아이 첫 문장 쓰기 연습법,
교과서 따라 쓰기 3C**

**Copy
따라 쓴다**
소리 내어 읽은 문장을
외워 따라 쓰기

**Check
확인한다**
제대로 썼는지 교과서
원문 보며 확인하기

한 문장을 따라 쓰면
5번 읽은 효과

초등 아이의 첫 문장 쓰기 연습법은 교과서 따라 쓰기 3C가 전부입니다. 교과서에서 멘토 문장을 골라 소리 내어 읽는 단계, 이를 일일이 따라 쓰는 단계, 따라 쓴 내용을 교과서 원문과 대조하여 잘못된 부분은 바로 잡기까지 해야 1회 완성입니다.

교과서 따라 쓰기가 의미 있는 이유는 아이 스스로 할 수 있다는 점입니다. 엄마가 개입하고 싶어도 개입할 수 없으니 아이는 자율적으로, 주도적으로 더 잘하게 됩니다. 아이가 이렇게 쉽게 자율적으로 3C만 했을 뿐인데, 한 문장을 5번이나 읽는 효과를 만듭니다.

일본 도쿄대학교에 입학해 수석 졸업한 변호사가 공부 비결로 소개한 7번 읽기 공부법이 있습니다. 어떤 책이든 빠르게 7번 읽으면 외우려고 애쓰지 않아도 책 한 권이 머리에 남는다는 것이 요지입니다.

교과서 따라 쓰기 3C는 그저 한 문장 따라 쓸 뿐이지만, 잘 쓰인 문장을 5번 읽는 것과 같습니다. 따라 쓸 문장을 찾으며 읽고, 눈으로 읽고, 소리 내어 읽고, 쓰면서 읽고, 쓰고 나서 살피느라 읽으면 결국 5번입니다. 이렇게 한 문장을 읽으면 외우려고 하지 않아도 외워지고, 문장은 아이의 뇌리에 차곡차곡 쌓입니다.

결국에는 교과서 문장을 머리에 남기는 셈이니 공부를 잘하게 되는 부작용(부수적인 작용)도 발생합니다. 문장 한 줄 따라 썼을 뿐인데 말입니다.

교과서를
따라 썼을 뿐인데
따라 오는 문장력

누구에게 좋을까?
글쓰기를 잘하고 싶은
초등 아이

무엇을 따라 쓰지?
교과서에 실린 문장,
문단, 글

왜 좋을까?
쉽고 간편하고
스스로 학습 가능!

어디에 하면 좋을까?
손으로 원고지나
종이 어디에나!

언제 하면 좋을까?
정해진 시간
매일 10분

어떻게 해야 할까?
고르고, 따라 쓰고, 확인!

쉽고 간단한 교과서 따라 쓰기로 아이의 글쓰기 실력이 향상될 수 있다니 놀랍지 않은가요? 문장 쓰기로 기초를 다지게 하고 읽기 실력을 높이는 방법이지만 그렇다고 대충하면 앞에서 언급한 효과를 보지 못합니다.

교과서 따라 쓰기와 관련하여 가장 많이 받은 질문을 중심으로 좀 더 자세히 방법을 알려 드립니다.

1) 누구에게 좋을까?

첫 문장도 못 쓰고 절절매는 글쓰기 불안증을 앓는 아이, 잘 못 쓰면 엄마에게 혼날 것이란 생각에 글쓰기가 싫어진 아이, 말은 잘하는데 글쓰기는 엉망인 아이, 매사에 똑똑한데 글쓰기만 치명적인 아이는 물론 글쓰기를 잘하고 싶은 아이, 글쓰기를 기초부터 잘하고 싶은 엄마 아빠까지. 모두에게 필요한 문장 쓰기의 기초입니다.

2) 무엇을 따라 쓰지?

따라 쓸 때 잘 쓴 문장이면 어떤 분야든 좋습니다. 다만, 초등학생인 경우 교과서에 수록된 문장이 가장 좋습니다. 교과서 외에는 일간 신문에 실린 기사 글, 공적 인쇄물의 문장도 따라 쓰기에 적합합니다. 전문가가 편집한, 본보기가 될 만한 글이기 때문입니다.

3) 왜 좋을까?

교과서를 따라 쓰는 연습이 좋은 이유는 시도하기 쉽고 계속 하기 수월하다는 것입니다. 무엇보다 엄마의 잔소리, 간섭이나 개입이 없어도 되는 연습입니다. 그렇잖아도 학교 공부와 학원, 학습지를 하느라 힘이 드는 아이에게 따로 문장 쓰기 공부를 추가해야 한다는 부담도 없고요.

4) 어디에 하면 좋을까?

공책, 엽서, A4 용지 등 어디에 쓰든 상관없지만 아이와 의논하여 원고지에 따라 쓰는 것을 추천합니다. 원고지에 따라 쓰면 띄어쓰기와 문장부호를 제대로 쓰는 연습이 저절로 됩니다.

한 문장이 몇 자나 되는지 알게 되고 글자 수를 의식하며 쓰는 연습이 됩니다. 글자 수를 의식하면 훨씬 간결하게 핵심 위주로 쓰게 되거든요.

대학 입시를 위해 치르는 논술이나 에세이 전형, 자기소개서 작성 등에는 분량이 정해져 있어 초등학교 때부터 원고지 쓰기를 일상적으로 하면 분량 맞추는 글쓰기에 어려움을 덜 수 있습니다.

5) 언제 하면 좋을까?

언제든 딱 10분이면 됩니다. 다만 늘 같은 시간에 하도록 지도하세요. 그래야 습관이 빨리 듭니다. 아이와 의논하여 가능하면 학교 가기 전에 하면 더욱 좋습니다. 중요할수록 먼저 하는 것이 좋으니까요. 그래야 빠뜨리지 않을 수 있으니까요.

6) 어떻게 해야 할까?

아이가 직접 따라 쓸 문장을 고르고, 따라 쓰고, 원문과 맞는지 확인하게 합니다.

저절로 맞춤법, 띄어쓰기 잘하는 아이가 된다

대통령 선거철로 접어들면 예비 후보들이 쓴 글씨체가 자주 입방아에 오릅니다.

"대통령이 되겠다는 사람이 글도 바로 쓰지 못하느냐, 글씨체가 그게 뭐냐…."

따라 쓰기 연습법은 내용에 구애받지 않고 쓰기에만 집중함으로써 보기 좋게 글씨를 쓰게 만드는 데에도 기여합니다. 누가 봐도 쉽게 알아보도록 바르게 글씨를 쓰는 사람은 좋은 이미지를 받습니다. 그런데 의외로 많은 아이들이 바른 글씨 쓰기를 힘들어 하고, 결국 글쓰기까지 망쳐 버립니다.

글쓰기는 두 과정으로 이뤄집니다. 무엇을 쓸지, 어떻게 쓸지, 즉 어떤 내용을 어떤 단어로 문장으로 담아 표현하고 전달할지 갈립니다. 학교에서든 밖에서든 대부분의 글쓰기 수업은 '무엇을 쓸까'에 집중합니다. 그런데, 문장으로 표현하지 않으면 글을 읽는 사람에게 자신의 생각을 전달할 수 없습니다.

그래서 쓰는 능력이 필요합니다. 무슨 생각이든 자동적으로 제대로 된 문장으로 써 내는 유창한 수준의 능력을 가져야 합니다. 무엇보다 한 글자, 첫 문장을 제대로 빠르게 그리고 수월하게 쓸 수 있어야 합니다. 그런데 우리 아이들은 글을 써 본 시간과 경험이 많지 않아 한 글자, 첫 문장을 제대로 써 내는 데 고생을 합니다.

생각을 문장으로 쓰는 능력이 자동화될 정도로 유창하지 못하면 글자를 쓰느라 생각한 것을 잊어버립니다. 글자가 맞는지 아닌지 고민하느라 생각을 떠올릴 수 없습니다. 문장부호, 띄어쓰기를 긴가민가하느라 대충 쓰게 되고 그 결과 의도한 생각을 담기 어려워지지요.

첫 문장을 쓸 때마다 이런 일이 아이를 괴롭히면 아이는 글쓰기가 원수 같아집니다. 글쓰기를 피하게 되고, 싫어할 것이 뻔합니다. 이런 속도 모르는 엄마나 선생님이 "말도 안 되는 글을 썼네, 글씨 좀 잘 써, 맞춤법이 이게 뭐야?"라고 한소리하면 아이는 '역시 나는 글을 못 써…' 하며 낙담하게 됩니다.

　상상해 보세요. 엄마가 무생채 반찬을 하고 싶은데 칼질이 서툴러 무채 썰기가 엄두가 나지 않는다면요? 식도를 잡기부터 겁나고 기껏해 봐야 채썰기가 아니라 무말랭이할 때처럼 두툼한 무가 나온다고 합시다. 아이가 글을 쓸 때 겪는 어려움도 이와 같습니다. 글로 쓰려는 내용을 문장으로 한 글자씩 쓰되 맞춤법에 맞게 쓰는 능력은 이렇듯 우리 아이의 첫 문장 쓰기, 나아가 글쓰기 능력을 좌지우지합니다.

글쓰기 문제를 해결하는 법

　노스캐롤라이나대학교 메디컬 스쿨 소아과 교수로 아이의 학습장애를 30년 넘게 연구한 멜 레빈(Mel Levine) 박사는 아이의 소근육 조작 능력이 중요하다고 하지요. 특히 손의 소근육 능력이 떨어지면 연필 쓰기가 어려운 데다 작문에 필요한 조직적 능력 또한 부족하기 때문에 이를 해결하는 특별한 훈련이 필요하다고 합니다.

레빈 박사는 또 음운 인식이 부족하면 말소리 구별 능력이 부족하여 의미를 넘겨짚기 어려워하여 읽기와 쓰기에서 학습 속도가 심하게 지체된다고 말합니다. 이로 인해 머리가 피곤해져 주의력 조절에도 문제가 생긴다고 주의를 줍니다.

레빈 박사가 지적한 아이의 문제점 해결과 아이의 표기 능력을 유창한 수준으로 길러 주는 데는 공통점이 있습니다. 배워서 되는 것이 아니고, 시간이 많이 걸린다는 것입니다.

다행하게도 하루 한 문장 따라 쓰기가 첫 문장 쓰기의 어려움을 모두 해결해 줄 수 있습니다. 저는 무생채 반찬에 도전하면 10번가량 연속으로 무생채를 만듭니다. 그러면 채썰기도 봐줄 만합니다. 아이가 매일 한 문장씩 따라 쓰면 이와 같은 결과가 나옵니다.

교과서에서 단 한 문장을 또박또박 읽으며 따라 쓰다 보면 음운인식 능력, 맞춤법은 물론 표기 능력까지 저절로 길러질 것입니다.

첫 문장을 정복하고 교과서에 빠진 아이

과거에는 영어를 배울 때 단어, 문장을 참 많이 외웠습니다. 덕분에 영어를 많이 사용하지 않는 요즘도 그때 외운 단어와 문장 덕을 많이 봅니다.

영어를 능숙하게 잘 다루려면 암기가 우선입니다. 특히 완결된 문장을 많이 암기하면 말하기는 물론 쓰기 능력 향상에 큰 도움이 됩니다. 국어라고 다르지 않습니다. 매일 잘 쓰인 문장을 암기한다면 국어 능력이 저절로 좋아집니다.

교과서에서 멘토 문장을 골라 소리 내어 읽고, 쓰면서 또 읽으면 아이는 별다른 노력 없이 교과서 문장을 척척 암기합니다. 하루하루 암기하는 문장이 늘어갑니다. 단어나 구절이 아니라 문장을 통째로 암기하다 보면 아이는 교과서에 푹 빠지고 말테지요.

자존감을 키우는
의외의 글쓰기 효과

교과서는 초등 아이가 배워야 할 내용을 쉽게 모아 만든 책입니다. 교과서와 친한 아이는 공부를 잘하는 비결을 터득했다고 볼 수 있지요.

교과서에 수록된 문장을 하루 한 문장씩 따라 쓰려면 문장을 골라 내느라 여기저기 과목별로 들춰 봐야 합니다. 아이는 어느 문장을 고를지 살펴보다가 앞뒤 문장을 읽게 되고, 그러면서 교과서에 실린 글과 친해질 테지요. 매일 이렇게 반복하면서 아이는 교과서에 익숙해집니다. 예습, 복습이 저절로 이뤄지면 수업에도 더욱 적극적으로 임하게 됩니다.

어느 작가가 '학교에서 학생이 가져야 할 목표는 관심을 기울이는 방법을 훈련하는 것'이라고 말했습니다. 그의 말처럼 아이가 자신도 모르는 사이, 교과서에 실린 내용에 관심을 기울이는 습관도 들일 테지요. 이런 변화만으로도 초등 아이의 자존감은 늡니다.

글쓰기 능력을 키우기 위해 교과서를 따라 썼는데 아이가 교과서에 푹 빠진다면 얼마나 좋은 일인가요? 우리 아이가 교과서를 즐겨 붙들고 있다면 이상한 반응이 아니라 이상적인 반응이니까 놀라지 마세요.

공부의 신도 추천하는 공부 잘하는 비법

"교과서를 따라 쓴다고 첫 문장이 정말 잘 써질까요?"

엄마들은 처음에는 교과서 따라 쓰기 연습법을 그다지 신뢰하지 않습니다. 너무 쉽고 간단하여 효과적이지 않을 것 같아서지요. 불안한 엄마의 마음도 한몫합니다. 글쓰기가 중요하기에 더 늦기 전에 아이에게 글쓰기 연습을 시켜야 한다는 것은 알지만, 해야 할 공부가 많아 아이의 공부 시간을 빼앗길까 봐 미루게 됩니다. 교과서 따라 쓰기 연습법을 아이에게 시켜보기도 전에 염려하는 엄마들에게 저는 다음처럼 말합니다.

"공신(공부의 신)들도 따라 쓰기로 공부합니다."

공부 멘토 민성원 전문가는 원하는 대학교에 가려면 국어를 잘해야 한다고 강조합니다. 수능시험은 국어가 좌우하며 초등학교 때 국어의 기초를 닦지 않으면 만회하기 어렵다고 하지요. 그러면서 초등학생 때부터 문장 쓰기를 연습해야 하는데 단 한 문장을 쓰더라도 띄어쓰기까지 철저히 지키도록 노력해야 한다고 강조합니다.

사교육 1번지의
공부 비법

사교육 1번지라 불리는 메가스터디에서는 '교과서 따라 쓰기'를 중시합니다. 학생들이 교과서를 제대로 읽고 이해하면 탄탄한 기본기를 갖추게 되고, 그 결과 어떤 시험과 입시 제도 앞에서도 흔들림 없이 당당하다고 주장하지요.

메가스터디에서는 교과서 따라 쓰기를 하면 사고력을 높이는 공부를 할 수 있다고 강조합니다. 교과서는 사고력 향상을 목적으로 만들어진 것이기에 교과서 따라 쓰기를 하면 사고력을 평가하는 수능시험에 철저한 대비가 가능하다고 설명합니다. 교과서가 사고력 향상에 기여하는 결정적 이유는 교과서는 서술형으로 되어 있기 때문이지요. 서술형 문장을 읽고 내용을 정확하게 이해하며 공부하는 것이 사고력을 높이는 가장 좋은 방법이라고 메가스터디는 조언합니다.

　서울대학교 출신의 공부 전문가, '공부의 신' 강성태도 공부를 잘하려면 따라 쓰기부터 하라고 권합니다. 앞서 배운 내용을 따라 쓰면 내용이 머릿속에 고스란히 남고, 이어서 머릿속에 있는 내용을 기억하여 그대로 옮겨 쓰고, 대조하여 잘못 썼거나 빠진 부분을 보완하다 보면 공부가 잘될 수밖에 없다고 설명합니다.

　서울에서 열린 '아시안 리더십 콘퍼런스'에 초대받은 정치·경제인과 석학들은 다음의 말을 했습니다.

　"하버드대학교와 MIT를 나와서도 평생 한 직장에 다니는 일은 없다. 세계 최고의 대학교를 나온 것보다 중요한 것은 학습 능력을 키우는 일이다."

　그들이 말하는 학습 능력은 과연 어떻게 길러야 할까요? 학습 능력은 이해력과 언어 사용 기술을 요구하는데, 이는 언어 사고력에 기반한 따라 쓰기로 기를 수 있습니다. 따라 쓰는 것만으로 학습 능력을 기른다는 결론이지요.

교과서 따라 쓰기는 글쓰기를 잘하게 만들고, 공부머리도 좋아지게 만들어 입시 경쟁력을 기르는 데도 그만입니다. 갈수록 어려워지는 수능 국어 영역은 독해력이 뒷받침되어야 하고 논리력, 추리력 등 사고력에 기반한 문해력을 요구합니다. 문해력을 기르는 데는 따라 쓰기만 한 것이 없지요.

결국 따라 쓰는 것만으로 공부, 글쓰기, 읽기 모두 다 잡을 수 있다는 결론입니다.

머릿속 작업대를 늘리는 일

공부를 잘하려면 머릿속에서 다양한 생각이 동시에 오가야 합니다. 동시에 다양한 생각을 놓치지 않고 포착하려면 머릿속 작업대가 넓어야 하고요. 가령 책을 읽을 때 머릿속 작업대가 충분치 않으면 앞서 읽은 것을 기억하지 못해서 읽은 내용을 이해하기 힘듭니다. 그러면 읽다 말고 자꾸 앞으로 돌아가 읽은 것을 확인하므로 읽기에 집중하기 어렵겠지요.

아이가 책장을 이리저리 젖히며 오가느라 글의 주제나 의미를 파악하기 힘들어지면 읽기에 흥미가 떨어져 슬그머니 책을 덮고 맙니다. 머릿속 작업대가 좁아서 생기는 이런 문제는 공부할 때도 마찬가지로 발생합니다. 해결책은 의미 단위로 외워 그대로 옮겨 쓰는 따라 쓰기 연습입니다. 의미 단위를 외우는 연습을 하면 머릿속 작업대가 늘어납니다.

논술도 막힘없이 써 내려가는 아이

 서울대학교 논술 시험 출제를 담당한 최명옥 교수는 '논술 시험은 정확한 어법과 바른 문장이 기본 요건'이라고 강조하면서 "초등학교 단계에서는 논술 교육에 치우치지 말고 사물을 잘 관찰해 이를 한 문장으로 표현하는 기초 교육부터 시작해야 한다"라고 조언합니다. 또한 글쓰기는 초·중·고등학교 과정에 따라 단계적으로 지도해야 한다면서, 초등학생 단계에서 배워야 할 글쓰기는 문장 쓰기와 문장과 문장을 연결해 쓰는 법이라고 알려줍니다.

 최명옥 교수는 초등학생 문장 쓰기 연습법으로 영국 옥스퍼드대학교에서 출간한 초등학생용 읽기, 쓰기 교재에 실린 방법을 추천합니다.

방법은 사물의 기본 구조를 분석하고 한 문장으로 설명하는 방식이라고 합니다. 가령, '태양계는 태양과 행성들로 구성돼 있다', '행성은 수성, 금성, 지구 등 8개가 있다'라는 식으로 각각의 내용을 하나의 문장으로 쓰고, 서로 연결하여 한 편의 글을 만드는 것입니다.

초등 아이에게 글쓰기를 가르칠 때 정말 유용할 방법이라 생각합니다. 다만, 문장 쓰기가 자유자재로 가능하지 않은 아이에게는 이중으로 고역일 수 있습니다. 그렇기에 사물이나 현상을 분석하여 문장으로 만든 교과서를 따라 쓰기를 추천합니다. 문장 속에 담아낸 지식을 자연스럽게 흡수하면서 문장에 익숙해지고 흉내 내기도 하면서 자기 문장을 쓰게 됩니다.

결국 첫 문장을 쓰는 힘은 교과서를 따라 쓰며 문장 쓰기의 기초를 닦고, 문장으로 표현된 세상을 이해하고 그 이치와 질서를 우리 아이의 내면에 심는 기특한 연습법입니다.

교과서 따라 쓰기 연습법을 통해 사물과 현상을 문장으로 만드는 것에 능숙해지면 자신의 감정과 생각을 말과 글로 표현하기도 쉬워집니다. 그러면 아이에게 어떤 문제 상황이 닥쳤을 때, 아이 스스로 무슨 생각을 하는지 알아차리고 말과 글로 똑똑히 표현할 수 있으니까요.

글쓰기 품새를 닦는 과정

이제, 교과서를 따라 쓰며 글쓰기의 품새를 닦는 초등 아이를 위한 글쓰기 과정을 소개합니다.

태권도에서 사용하는 '품새'는 공격과 방어의 기본기를 일정한 순서로 배열하여 엮은 것입니다. 교과서 따라 쓰기는 글쓰기에 필요한 순서를 배우기 위해 일정한 순서대로 프로그래밍한 글쓰기 품새라고 할 수 있지요.

글쓰기 연습 단계별 필수 과정

글쓰기 품새를 완성하려면 문장 쓰기를 시작으로 구절 쓰기, 문단 쓰기를 거쳐 어휘력 개발, 한 편의 완성문 쓰기를 순차적으로 배워야 합니다. 글쓰기를 배우는 교과서 따라 쓰기 연습법 역시 이 순서대로 진행합니다. 어느 단계든 빠뜨리거나 소홀히하면 글쓰기 품새를 기를 수 없습니다.

하버드 대학생처럼 끝까지 해내는 힘

"자주 실패한다면 그것은 그의 노력, 열정이 부족해서가 아니라, 오히려 반대로 그 의지나 노력, 열정이 처음부터 너무 과도했기 때문입니다."

올림픽에 참가하는 선수들이 어떻게 메달을 따는지를 연구하는 미쓰오 전문가의 말입니다.

그에 따르면 올림픽 메달리스트가 하는 연습, 훈련은 이벤트가 아니라 일상이며, 어떤 목표를 설정하든 일상 속에서 가볍게 해낼 수 있을 만큼만 계획을 세워야 한다고 조언합니다. 즉, 목표를 세울 때는 실패가 불가능할 정도로 목표를 작게 나눕니다. 이렇게 하다 보면 실행력과 성공률이 조금씩 높아져 자신도 모르는 사이 목표를 달성한다고 장담합니다.

앞에서 자세하게 살펴본 것처럼 교과서 따라 하기 연습법은 미국 엄마들도 수행하는 '우리 아이 글쓰기 홈 프로젝트'입니다. 교과서 따라 쓰기가 이렇게 인기 있는 이유는 두 가지 조건 때문입니다.

첫째, 교과서 따라 쓰기는 엄마의 잔소리나 개입, 간섭이 아예 필요 없을 만큼 간단합니다. 설명 한 번만으로 아이가 바로 실행할 수 있어 매일 하기에 전혀 어려움이 없습니다. 굉장히 쉽고 간단하여 학원, 학습지, 사교육에 위탁할 필요가 없습니다. 하루 10분, 집에서 아이 스스로 하면 되니까요.

교재가 따로 필요 없고 전용 단말기나 학습지 같은 준비도 필요 없습니다. 당연히 비용도 한 푼 들지 않습니다. 매일 하기에도 수월한 수준이고 어느 곳에서도 10분이면 할 수 있어 매일 따라 쓰기 습관이 무너질 염려조차 없습니다. 심지어 태권도, 피아노, 영어학원에서도 10분이면 되니까요.

둘째, 교과서 따라 쓰기는 아이와 엄마의 의지나 노력이 필요 없습니다. 하루 교과서 한 문장 따라 쓰기를 익히면 아이가 저절로 하게 됩니다. 아이의 글쓰기에 관심이 많은 엄마들이 좋아할 수밖에 없네요.

공부 잘하는 아이들처럼
그릿을 길러주는 비결

하버드대학교 학생들에게 실험을 하나 했습니다. 속도를 최대로 설정한 러닝머신에서 5분 동안 뛰기를 요청했지요. 러닝머신에서 겨우 1분 30초를 버틴 사람이 있는가 하면, 4분을 버틴 학생도 있었습니다. 수십 년 후 그 학생들을 조사해 보니, 학생들이 러닝머신에서 달린 시간만큼 성공했다고 합니다. 즉, 평상시에도 모든 일에 끈기를 가지고 임한 사람들이 성공한다는 사실이죠.

성공한 사람들의 공통점으로 그릿(근성, 끈기)를 연구해 온 앤젤라 더크워스(Angela Duckworth) 박사는 부모가 아이에게 줄 수 있는 최고의 유산은 그릿을 키워주는 것이라고 합니다.

아이가 그릿을 가진 사람으로 성장하려면 작은 성공을 맛보게 하고, 완성 짓는 습관을 기르게 하고, 끝까지 해내는 끈기를 가지게 하면 된다고 말합니다.

매일 교과서 한 문장을 따라 쓰는 아이는 매일 그날치 과제를 완수하고 그날치 작은 성공을 맛봅니다. 바로 더크워스 박사가 말하는 그릿을 키워가는 아이의 모습입니다.

하루 10분 아이와
다지는 유대감

아이가 교과서를 살펴 따라 쓸 멘토 문장을 고르고 또박또박 따라 쓰는 시간은 10분이면 충분합니다. 그 시간을 아이와 함께 하세요. 길어야 10분입니다. 글쓰기의 기초인 문장 쓰기를 돕는 교과서 따라 쓰기 연습법은 아주 쉽고 간단한 방법입니다. 아이를 학원이나 과외에 맡길 필요가 없습니다.

남에게 맡기면 교과서 따라 쓰기로 글쓰기를 연습하는 아이와 그것을 지켜보는 엄마 사이의 유대감을 대신할 수 없습니다. 아이는 자신이 무엇을 하든 엄마가 관심을 갖고 지켜봐 준다는 것을 알게 되고, 이때의 유대감은 아이의 자존감 형성에 크게 기여합니다.

현재 미국에서는 40년 전 대학교 교육을 받은 아빠들보다 현재의 아빠들이 일주일에 2시간을 더 육아에 할애한다고 합니다. 이 현상에 대해 《스펜딩 타임》의 저자 대니얼 해머메시(Daniel Hamermesh)는 교육 수준이 높은 부모가 자녀에게 더 많은 투자를 하는 것이라고 이야기합니다.

아빠들이 바쁜 시간을 쪼개는 이유는 부모의 관심을 받고 자란 아이가 일류 대학에 합격할 기회, 성인이 되어서도 더 높은 소득을 얻을 잠재적 가능성이 높일 것이라 믿기 때문이라고 합니다.

아이와 함께 하는 시간을 통해 아이의 가능성을 높이고 싶다면, 교과서 따라 쓰기에 투자하세요. 하루 10분이면 일주일에 60분입니다. 짧은 시간인가요? 아이와 부모가 함께 하는 시간은 마냥 길다고 좋은 것만은 아니지요. 자칫하면 싸우게 되니까요. 그러니 아이가 스스로 교과서 문장을 따라 쓰는 10분 동안 아이 곁에 머물며 관심을 보여 주세요.

3장

초등 아이 글쓰기는 첫 문장이 전부다

남들보다 앞서나가는 비법은 일찍 출발하는 것이다.

-마크 트웨인, 작가

수학 포기하는 것보다 위험한 글쓰기 포기하는 아이

'명료하게 글을 쓴다는 것은 삶에서 반드시 거쳐야 할 전투에서 이기게 하는 무기 사용법을 배우는 것과 같다'라던 피터슨 교수의 말을 떠올려 볼까요?

피터슨 교수는 글을 잘 쓰면 전쟁터 같은 사회생활에 M16 소총처럼 개인 무기를 지니고 출전하는 것과 같다고 했습니다. 미군들이 애용하는 개인 무기 M16 소총은 가벼워서 특히 인기였다고 합니다. 우리 아이가 피할 수 없는 전쟁터에 나가는데 무기 하나 손에 쥔 게 없다고 생각해 볼까요? 아이는 어떻게 자신의 생명을 지킬 수 있을까요?

또 생각해 봅니다. 총을 주긴 했는데, 총을 쏠 줄 모른다면요? 총이 아무리 좋아도 방아쇠를 당기지 못하면 무기로서 가치가 없지요. 글쓰기에서 문장 쓰기는 방아쇠 당기기와 같습니다. 문장을 쓸 줄 모르면 글쓰기는 불가능하니까요.

아이가 벌써 글쓰기를 포기한다면?

수학을 포기한 아이, '수포자'가 많아지는 이유는 수학 과목이 계단처럼, 하나의 개념을 체계적으로 밟아 나갈 수 없기 때문이라고 합니다. 덧셈, 뺄셈, 곱셈, 나눗셈은 가장 기초가 되는 초등 수학으로, 네 가지를 다루어 계산하는 연산력이 부족하면 학년이 오를수록 복잡해집니다. 아이가 수학 연산에 적응하지 못하고 흥미를 잃어 버리면 자신감을 잃어 결국에는 수포자가 됩니다. 특히 수능시험 성적을 치명적으로 떨어뜨리는 수포자는 연산 단계가 취약해지면서 발생합니다.

요즘 수능은 국어가 좌우하지요. 국어를 포기한 아이, '국포자'는 수포자처럼 수능시험 성적에 치명적인데, 글쓰기를 포기하는 '글포자'에서부터 비롯됩니다. 국어는 읽고 생각하고 쓰고 말하는 글쓰기를 잘하지 못하면 잘할 수 없습니다. 수학을 연산이라는 기초 단계에서 포기하듯 글쓰기도 기초 단계에서 포기하게 됩니다.

문장 쓰기라는 기초를 닦는 일은 수학에서 연산 능력을 키우는 일과 같습니다. 연산 능력이 떨어져 수학을 못하는 것처럼 문장 쓰기라는 기초 없이는 글쓰기를 잘할 수 없습니다.

아이가 문장을 쓴다면 문장을 읽을 줄 안다는 증거이며, 문장을 읽을 줄 안다면 문장에 담긴 생각을 이해한다는 증거입니다. 반대로 문장을 쓸 줄 모르면 문장을 읽을 줄 모르며, 문장을 읽을 줄 모르면 문장에 담긴 생각을 이해하지 못하겠지요.

문장 쓰기는 읽기와 생각하기와 쓰기를 포괄하는 능력으로 문장 쓰기의 기초 없이는 글쓰기를 포기하게 되고 국포자로 직행합니다.

평생 필요한 능력을 가르쳐라

수학은 수능시험에 직결되는, 좋은 대학에 진학하는데 변별력을 주는 과목입니다. 하지만 수학 능력을 요하는 직업이 아니라면 수포자라 하더라도 먹고사는 데 큰 지장은 없습니다. 그렇지만 글쓰기는 다릅니다. 글쓰기 능력을 갖추지 못하면 학교 공부에 지장을 받고 사회생활에 어려움을 겪을 수 있습니다.

먹고살려고 일해야 하는 현장 어디에서든 글쓰기 능력은 기본적으로 필요하니까요. 심지어 수학을 전공한 이공계 전공자라 하더라도 사회생활을 하며 글쓰기 능력을 요구받습니다. 단지 글을 못 쓴다는 정도가 아니라 자칫 능력이 없는 사람이라는 낙인까지도 얻을 수 있습니다.

수포자가 되는 위험을 피해가려면 늦어도 초등학교 고학년이 되기 전에 연산력을 길러야 한다고 전문가들은 말합니다.

국포자가 되지 않기 위해서는 초등학교 3학년 무렵에는 글쓰기 능력의 기초인 문장 쓰기를 집중하여 연습해야 합니다. 학교에서 배우는 글쓰기 내용이 복잡해지고 어려워지는 시기인 초등학교 4학년 전까지는 문장 쓰기 기초를 떼야 하는 이유지요.

수학보다 훨씬 어려운 문장 쓰기를 잡으려면

직장인들을 대상으로 글쓰기 수업이 여기저기서 많이 열립니다. 제가 만난 직장인들은 빠듯한 시간을 쪼개고 다른 데 쓰려던 비용을 쪼개 글쓰기 수업을 듣습니다. 직장인들이 글쓰기 수업에 오는 이유는 글을 더 잘 쓰고 싶다는 이유보다 '상사에게 듣는 피드백이 싫어서'라는 이유를 훨씬 많이 꼽습니다.

"말이 앞뒤가 안 맞잖아, 문장이 왜 이래?"
"대체 무슨 말을 하려는 거야? 그래서 핵심이 뭐야?"

저는 글쓰기 코치로서 누구나 책을 쓸 수 있다고 큰소리 뻥뻥 칩니다. 그런데, 실제로 예비 저자들에게 가장 많이 하는 말은 이렇습니다.

"문장이 좀 이상하니 다시 한 번 보세요."
"문장이 의미하는 것을 잘 모르겠어요."

글쓰기가 어렵다고 하소연하는 어른들은 초등학교 때 문장 쓰기를 배우지 못했고, 이후 단 한 번도 문장 쓰기를 배우고 연습하지 않았을지도 모릅니다.

연산보다 문장 쓰기가 어려운 이유

숫자를 더하고 빼고 곱하고 나누는 연산 문제는 감고도 하는 어른 입장에서는 별일 아닙니다. 하지만 연산을 배우는 아이에게는 결코 쉬운 일이 아닙니다. 아이들은 연산을 하며, 식을 세우고 계산하며 크고 작은 시행착오를 많이 겪습니다. 이러한 연산 과정을 반복하며 계산에 능숙해집니다. 전문가들은 시행착오를 겪어야 아이들이 수학의 개념과 원리를 터득하고 수학의 기본을 다진다고 설명합니다. 아이들이 이런 과정을 겪으며 기본을 다져 연산 능력을 기르는 시기가 중요하다고 합니다.

문장 쓰기도 마찬가지로 글을 잘 쓰는 어른이 보기에는 어렵지 않습니다. 하지만 이제 글짓는 법을 배우는 아이에게 문장 쓰기는 훨씬 어려울 테지요. 아이는 전달해야 할 내용을 떠올리고 내용에 맞게 단어, 문장부호 하나하나 골라 배열하며 겨우 한 문장을 만들어냅니다. 그러면서 글쓰기의 개념과 원리를 터득하고 글쓰기의 기본을 다집니다. 자신이 쓴 내용이 읽는 사람에게 정확하게 전달되리라 믿으며, 글쓰기 과정을 반복하겠지요.

문장 쓰기 연습은 문장 쓰기에 숙달된다는 이상의 의미를 갖기에 아이가 문장 쓰기에 집중하는 한때를 마련해 주어야 합니다. 초등학교 때 이러한 기회를 놓치면 아이가 글쓰기를 배우는 첫 기회를 놓치는 것입니다.

수학 전문가들은 연산력을 기르는 데 가장 큰 방해물은 아이가 연산 문제를 풀기 지겨워하는 것이라고 합니다. 지겨워하면 연습을 계속하기 힘들고 연습이 싫어지지요. 그래서 수학 전문가들은 아이의 능력보다 한 단계 쉬운 문제로 시작하면 좋다고 조언합니다. 문제를 풀어야 할 범위와 분량을 쉽게 풀어야 조금씩 성취감을 느끼며 수학에 흥미를 가진다고 강조하지요.

하물며 문장 쓰기는 어떨까요? 사칙연산은 공식을 대입하면 되지만 문장 쓰기는 생각을 문장에 담아내기에 사칙연산 문제 풀이보다 어렵습니다. 생각을 문장에 담아내려면, 아이가 문장 쓰기를 연습할 때 '글의 내용을 만드는 단계'와 '내용을 문장에 담는 단계'를 나누어 진행해야 합니다.

이 책은 먼저 내용을 문장에 담는 단계에 집중합니다. 내용을 문장으로 담는 데 능숙해지면 나중에 생각을 내용으로 만드는 데 집중할 수 있기 때문입니다.

문장을 잘 쓰는 데 꼭 알아야 할 절대 원칙

"왜 문장을 첨삭해 주지 않나요?"

글쓰기 수업에서 학생들에게 이런 질문을 받고는 합니다. 대답은 이렇습니다.

"문장 첨삭은 문장 쓰기 기본 능력을 갖춘 사람에게나 가능한 일입니다. 문장을 제대로 쓸 줄 모르는 사람이 쓴 글의 문제는 첨삭으로 해결되지 않습니다."

오랜 시간 다양한 직업군, 연령대에 걸친 수많은 사람들과 글쓰기 수업을 하며 알게 된 사실은 글쓰기에 절절매는 불안 증상은 문장 쓰기를 제대로 배우지 못한 데서 기인한다는 것입니다.

문장 쓰기를 떼지 않고 글 한 편을 쓰겠다는 것은 걷지도 못하는 아기가 뛰겠다는 것이나 다름없습니다. 그러니 글쓰기 능력을 기르고 글쓰기 불안 장애를 해소하는 방법은 문장 쓰기 연습뿐이지요.

결과적으로 문장 쓰기 기초를 닦는 일이 글쓰기로 인해 발생하는 거의 모든 문제 상황을 해결하는 열쇠입니다.

그런데 문장은 글의 일부분 아닌가요? 도대체 문장은 왜 이렇게 영향력이 클까요?

글쓰기 핵심 행동, 문장 쓰기

문장은 독자와 저자를 연결하는 고리입니다. 문장이라는 연결 고리가 없으면 글쓰기를 통한 의사소통은 실패입니다. 문장은 글로 쓰려는 내용에 맞춰 단어를 고르고 규칙에 따라 배열하여 의미를 전달합니다. 맞춤법, 띄어쓰기 등 표기 약속을 지켜야 합니다. 그래야 독자가 의미를 빠르게 전달받고 정확하게 이해합니다.

문장은 글의 일꾼입니다. 글에서 무엇이 어떻고, 무엇이 어쩌하다는 의미를 전하기 위해 문장이 일을 합니다.

  문장을 제대로 못 쓰면 글쓰기 과정이 계속될 수 없습니다. 내 아이가 글쓰기를 잘해야 한다고 느낀다면 문장 쓰기 기초부터 다지도록 이끌어 주세요.

공부도 글쓰기에 달렸다

  미국은 초등학교에서 대학교까지 쓰면서 배워야 한다는 목표로 모든 과목에 글쓰기를 도입했습니다. 아이들은 글을 쓰면서 논리적인 사고를 하고, 책에서 읽은 내용을 명료하게 자신의 언어로 표현하는 법을 배웁니다. 그러면서 공부력도 높아집니다. 실제로 하버드대학교에서 진행한 '글쓰기를 통한 학업 만족도' 조사에서도 높은 점수를 받았습니다.

  공부를 잘하려면 공부머리가 잘 돌아가야 합니다. 공부머리는 생각을 다루는 능력이며 생각 능력은 글쓰기로도 길러집니다. 아이들은 배운 것을 글로 쓰면서 자기 것으로 만들고 배운 것을 아는지 모르는지 어디서 막히는지 파악하여 나머지를 배웁니다. 이러한 능력을 '메타인지'라 하고 메타인지는 읽고 쓰는 능력에서 시작합니다.

아이에게 문장 쓰기를 가르치는 일은 논리적으로 생각하는 법을 가르치는 일이기도 합니다. 문장은 단어끼리 논리적 관계를 맺게끔 배열한 것이니까요. 아이들이 논리정연하고 명료한 생각을 하도록 도와주려면 문장 성분을 완벽하게 갖춘 문장을 쓰도록 지도하면 됩니다.

생각을 담아내는 문장, 첫 시작이 중요하다

    5살 아이가 엄마와 떨어져 혼자 도로에 나갔다고 가정해 봅시다. 아직 도로 교통법을 알지 못하는 아이는 신호등을 볼 줄 모르고, 길을 건널 때는 횡단보도에서 건너야 한다는 것을 모릅니다. 횡단보도에서는 파란불이 켜졌을 때 건너야 함을 모르지요. 파란불이 켜졌더라도 차가 멈췄는지 확인하고 손을 들고 건너야 한다는 사실도 모릅니다. 아이에게 어떤 위험이 닥칠지 상상만 해도 마음이 무너집니다.

    글쓰기에서 문장 쓰기는 일상생활에서 교통법규에 대해 배우고 지키는 일과 같습니다. 문장 쓰기는 문장을 쓰고 읽는 사람 사이에

마련된 규칙이고 약속이니까요. 문장 쓰기 규칙을 준수하고 약속을 지켜야만 일과 일상에서 빠르고 정확한 소통이 가능합니다.

문장은 생각을 담는 최소 단위입니다. 문장으로 담는 생각이 상대(독자)에게 빠르고 정확하게 전달되게 하려고 각 언어권에서는 사회적인 합의를 거쳐 나름의 문장 쓰기 규칙, 즉 문법을 만들었습니다. 예를 들어 문장은 주어, 목적어, 서술어라는 주요 성분으로 구성되고, 나름의 규칙과 기준에 의해 배열됩니다. 문장을 문자로 표기할 때도 규칙과 기준을 따라야 의도한 내용을 빠르고 정확하게 전달할 수 있습니다. 문장 쓰기를 배우면 이러한 기준과 규칙대로 문장 쓰는 기술을 기르게 됩니다.

문장 쓰기 규칙을 지켜 쓴 문장을 명문(明文)이라 합니다. 뛰어난 문장, 명문(名文)이 아니라 바르게 쓰인, 즉 제대로 쓴 문장이 명문입니다.

명문은 규칙을 지킨 바른 문장으로 누가 읽어도 의미 전달에 착오를 주지 않는 오류 없는 문장입니다. 문장을 잘 쓴다는 것은 이러한 명문을 쓴다는 것이며 명문을 쓰면 당연히 글을 잘 쓴다고 할 수 있지요. 반대로 문장이 분명하고 정확하게 의미가 전달되지 않으면 글이라 할 수 없습니다.

명문 쓰기는
그냥 늘지 않는다

"언어는 공부만으로는 늘지 않는다."

언어 전문가들은 한결같이 주장합니다. 언어를 잘하려면 문법을 알아야 하지만, 많은 연구들이 문법을 배워봤자 읽기와 쓰기에 효과가 없다고 입증합니다.

뉴질랜드에서 영어 수업에 참여하는 고등학생을 세 그룹으로 나누어 평가했습니다. 첫 번째는 전통 문법을 배운 그룹, 두 번째는 변형 문법을 배운 그룹, 세 번째는 문법을 배우지 않은 그룹으로 나누었습니다. 3년 동안 매년 평가를 했는데, 결과는 놀라왔습니다. 문법을 배우든 아니든 간에 독해력, 문체, 작문 기술, 어휘력, 즉 언어 능력에 차이가 없었습니다. 연구의 결론은 이랬습니다.

"전통 문법이든 변형 문법이든 영어 문법은 중·고등학생의 언어 성장에 영향을 미치지 않는다."

글쓰기 관련 사교육에서는 첨삭 지도를 앞세웁니다. 글을 쓰게 하고 정교하게 첨삭하면 글쓰기 능력이 향상한다는 주장입니다. 그러나 이러한 방법도 글쓰기 능력 향상에는 도움되지 않는다고 합니다. 글쓰기 규칙을 일일이 배워 써먹기에는 분량이 너무 방대하고 복잡하기 때문에 첨삭 지도는 효과가 거의 없거나 효과가 있더라도 일시적이기 때문입니다.

  성인들의 글쓰기를 지도하는 현장에서 보건대, 첨삭 지도는 문장 쓰기 기초가 다져진, 글쓰기 능력을 어느 정도 갖춘 사람에게나 효과적인 방법입니다. 문장 쓰기라는 기초 능력이 없는 상태에서 첨삭은 의미가 없습니다.

한 문장으로 글쓰기 기초 다지는 연습

미국 예시바대학교에서 법학을 가르치는 스탠리 피시(Stanley Fish) 교수는 문학 비평가이면서 '문장 박사'입니다. 그는 단호하게 주장합니다.

"문장은 모든 것입니다. 문장은 생각을 담은 최소 단위이며 가장 핵심 단위이므로, '문장의 힘'은 상상 이상입니다."

하지만, 피시 교수는 대학교에 입학한 학생들의 글쓰기가 얼마나 형편없는지 목도하고는 문장 잘 쓰는 법 연구에 돌입합니다. 연구의 결과로 그가 알려주는 비법은 이것입니다.

"문장 쓰기 연습에 많은 시간을 쏟으십시오."

피시 교수가 말하는 문장 쓰기 연습은 문장을 '주시하는 것'에서부터 시작합니다. 그는 주시만으로도 문장 쓰기 규칙을 충분히 배울 수 있다고 합니다. 잘 쓴 문장을 수없이 많이 접해야 하며 이때, 문장에 주의를 기울이며 많이 읽는 것입니다.

문장의 형식을 아는 읽기

피시 교수가 말하는 '주의 깊게 읽기' 즉 '주시하며 읽기'는 내용이 아니라 형식에 집중한 읽기입니다. 문장이 담는 의미에 빠지면 문장의 형식에 대해서는 알지 못하고 읽기를 끝냅니다. 의미를 전달하기 위해 어떤 단어를 골라서 어떤 순서로 배열하고 구성했는지 알 수 없는 읽기로는 문장 쓰기를 배울 수 없습니다.

여러 언어학자에 따르면 문장 형식에 초점을 맞춘 '주의 깊게 읽기'는 문장 쓰기에 능해지는 것 외에도 많은 효과를 냅니다. 단지 주의 깊게 읽는 것만으로 독해력, 쓰기 능력, 문법, 철자력, 어휘력이 향상한다고 합니다. 단지 주의 깊게 읽기만 해도 단어 시험에서 정답률이 최소 50퍼센트에서 최고 96퍼센트까지 향상된다고 하니 정말 놀랍습니다.

 글쓰기의 두려움을 없애고 어떤 글이든 잘 쓰게 되는 기초를 닦는 법은 문장을 가능한 한 많이 접하되 문장 형식에 초점을 맞춰 주의 깊게 읽는 것입니다. 이 방법은 글쓰기에 대한 어떤 불안이나 두려움을 야기하지 않으니까요.

 앞으로 소개할 교과서 따라 쓰기는 문장 쓰기 기초를 다지는 연습을 하기에 딱 부합합니다. 교과서에 수록된 잘 쓴 문장을 그대로 따라 쓰면서 기초를 쌓는 방법이지요.

 베테랑 교사이자 초등학생 자녀를 둔 《초등 자존감 수업》의 저자 윤지영 선생님도 학교와 집에서 아이들을 지도해 본 결과, 글쓰기 기초 능력 향상에는 따라 쓰기가 가장 효과적이라고 합니다. 잘 쓴 글을 많이 따라 쓸수록 글의 수준이 올라가고 맞춤법이 저절로 교정되며 어휘가 풍성해진다며 다음의 한마디로 정리합니다.

 "다른 것은 몰라도 따라 쓰기는 초등학교 때부터 습관으로 잡아두기를 권합니다."

글쓰기를
좋아하게 만드는
특단의 비법

한 작가가 학생에게 이런 질문을 받습니다.

"제가 작가가 될 수 있을까요?"

작가는 대답 대신 반문합니다.

"글쎄요, 문장을 좋아하나요?"

문장 박사 피시 교수는 자신의 책에서 '문장을 좋아하는 일이야말로 작가 생활의 출발점'이라며 위의 사례를 이야기했습니다. 피시 교수는 '좋은 글'을 쓰기 위해선 '좋은 문장'을 쓸 줄 알아야 한다고 말합니다.

문장은 글쓰기라는 일을 합니다. 그러니 문장 쓰기에 애정이 없다면 글을 잘 쓸 수 없을 테지요.

아이의 글쓰기에 감탄해야 하는 이유

피시 교수는 문장을 음미하는 능력과 빚는 능력은 나란히 습득된다고 주장합니다. 기억에 남는 문장을 만드는 요소를 배운다면 문장을 판별하는 법을 알게 된다고 하지요. 문장을 보고 감탄한 이유를 분석하여 문장의 메커니즘까지 안다면 어느 정도 비슷한 문장을 만드는 길로 한 걸음 더 들어설 수 있다고 강조합니다. 이것이 바로 따라 쓰기의 효과입니다.

문장을 제대로 읽을 수 있다면 문장이 구사한 기법이 무엇인지, 어떤 이유로 문장이 재미있게 잘 읽히는지 파악할 수 있습니다. 이런 능력을 갖춘 다음에는 같은 기법을 사용하여 글을 쓰기가 수월합니다. 잘 쓴 문장을 알아보는 안목과 어떻게 하여 그 문장이 잘 읽히는지를 파악하는 감각을 기르는 것이 따라 쓰기의 효과입니다.

따라 쓰다 보면 문장을 음미하고 빚어내는 일을 동시에 할 수 있습니다.

네브래스카대학교에서는 학생들에게 속독법을 가르칩니다. 읽기에 서툰 학생은 1분 동안 읽은 단어가 90개에서 180로 늘어났고, 읽기가 능숙한 학생은 1분 동안 읽은 단어가 350개에서 2,800개로 늘어났습니다. 읽기가 서툰 학생의 단어 증가폭은 2배밖에 안 늘었지만 능숙한 학생은 8배나 늘었지요.

이처럼 약점을 극복하기보다 강점을 발전시키는 노력을 하는 편이 훨씬 빠르고 효과적입니다. 문장 쓰기에 능숙해져야 다음 수순인 글 한 편 쓰기도 거뜬히 잘 쓸 수 있습니다. 문장 쓰기부터 안 되면 즉각 글쓰기가 답답하고 어렵고 하기 싫어집니다.

나란히 습득하는 문장 읽기와 쓰기

문장을 제대로 쓰기만 해도 글을 쓸 때의 잘못된 점이나 어려움이 해결됩니다. 글쓰기의 핵심 행동은 문장 쓰기니까요. 이런 식으로 핵심 행동에서 발생된 문제를 해결하는 대신 엉뚱한 비법을 찾아다니다 보면 어느새 글쓰기가 두려워지고 싫어집니다. 한번 싫어진 글쓰기는 다시 좋아지기 어렵습니다.

하지만 아이가 하루 한 문장을 따라 쓰다 보면 틀림없이 문장을 보는 눈이 좋아질 것입니다. 잘 쓰인 문장을 따라 쓰다 보면 아이는 자신도 모르게 '글쓴이는 왜 이 단어를 썼을까, 이 문장부호는 왜 여기 있을까? 따옴표 문장에는 마침표를 쓸까 아닐까? 이 단어는 원래 이랬는데 내가 잘못 써왔네'라고 생각할 테니까요.

글쓰기는 이렇게 배웁니다. 따라 쓰기 연습법 역시 이런 효과를 위해 고안했습니다.

완벽한 문장을 따라 써야 하는 이유

우리나라 나이로 8살 전후 무렵의 아이에게는 인과 개념이 없다고 합니다.

인과 개념이란 어떤 일에 대한 원인과 결과를 이해하는 것이지요. 교육 심리학자 피아제(Jean Piaget)는 아이가 동화책을 읽는 동안 문장 표현을 접하며 인과 개념을 키워간다고 합니다. 아이의 뇌가 자라면서 문장을 만들 수 있는 능력을 갖추는 것이 아니라 문장이 뇌를 성숙하게 만든다고 말합니다. 이런 이유로 아이에게 완성된 문장으로 이뤄진 책을 읽어 주면 아이 뇌 발달에 크게 도움된다고 합니다.

어떤 문장을 접하느냐에 따라 아이의 뇌가 발전하기도 하고 퇴보하기도 한다는 말이지요. 아이가 논리성을 갖춘 완전한 문장을 따라 쓴다면 아이의 뇌가 바람직한 방향으로 성숙하게 커갈 수 있겠지요. 이처럼 논리성을 갖춘 완전한 문장을 따라 써야 하는 이유는 자명합니다.

글쓰기는 문장이 하는 일입니다. 문장은 '누가 무엇을 어떻게 했다' 또는 '누가 무엇으로 하여 어찌하다'라는 요소를 포함합니다. 그래야 독자에게 의미를 전달하는 기능을 완수하니까요. 문장이 이러한 일을 하려면 단 하나의 절대 원칙이 필요합니다.

'말이 되게 할 것!'

문장을 이루는 요소인 단어와 문장부호가 논리적으로 관계를 맺도록 해야 합니다. 이를 위해서 문장은 필요한 모든 성분을 갖춰 써야 합니다. 누가 읽어도 말이 되는, 의미 전달이 확실한 문장을 '완전한 문장'이라고 합니다.

의도에 맞게 의미를 전달하는 데 성공한 문장, 즉 완전한 문장을 쓸 줄 알아야 어떤 글이든 쓸 수 있습니다. 말이 되는 글, 완전한 문장을 쓸 줄 안다는 것은 명확하고 논리정연하게 생각할 수 있다는 증거입니다. 누군가 쓴 문장이 애매하고 모호하여 의미 전달이 잘 안 된다면, 그 사람은 논리적으로 생각할 줄 모르며 문장 쓰기라는 기초 능력도 갖추지 못했다는 증거입니다.

당연하겠지만 잘 통하는 문장을 쓰려면 문장 성분을 갖춰 써야 합니다. 주어와 술어는 호응되어야 하고, 수식어는 피수식어에 가까이 위치해야 합니다. 이런 식으로 문장을 잘 쓰려면 수백 가지, 아니 수천 가지의 경우의 수를 외워 적용해야 합니다.

이렇게 문장 쓰기 규칙을 일일이 배워야 말이 되게 쓸 수 있다면 문장 쓰기는 아무나 할 수 없는 일이겠지요. 하지만 문장은 아무나 쓸 수 있어야 하고 누구에게나 필수불가결한 일입니다. 그래서 문장 쓰기는 많이 접하고, 주의 깊게 읽는 것으로 습득해야 합니다.

잘 쓴 문장을 수없이 많이 접하는 것이 문장 쓰기를 배우는 최고의 방법입니다. 아니, 잘 쓴 문장을 일일이 따라 쓰는 것이 문장 쓰기를 배우는 유일한 방법입니다.

첫 문장 쓰는 힘을 기르는 멘토 문장의 조건

세계 최고의 인터넷 기업 아마존에서는 어떤 회의든 서술형 문서로 회의를 합니다. 창업주인 제프 베조스(Jeff Bezos)는 서술형 문서의 단 하나 규칙을 요구합니다.

"아이디어를 완전한 문장으로 작성해야 합니다."

문장이 완전해야 생각이 명확해지고 그래야 소통이 잘 되기 때문이라고 설명합니다. 아마존 같은 기업에서 모든 임직원에게 요구하는 의사소통 1장 1조가 완전한 문장 쓰기라니 놀랍지 않나요?

문장에도 멘토가 필요하다

그렇다면 따라 쓰기용 문장도 완전 문장에 한한다는 조건을 엄정하게 지켜야 합니다. 완전하게 쓰인 문장만을 따라 쓰도록 아이를 지도해야 합니다. 아이가 따라 쓰기에 적합한 문장, 완전한 문장을 제시합니다.

1) 멘토 문장을 찾아라

'경험과 지식을 바탕으로 다른 사람을 지도하고 조언해 주는 사람'을 멘토라 합니다. 멘토 문장은 여기에서 착안하여 만든 말입니다. 문장 스스로 멘토 역할을 하는 것이지요. 아무에게나 지도받고 조언을 구하지 않듯, 멘토가 될 만한 문장에도 조건이 있습니다.

2) 멘토 문장은 수준 있는 문장이어야 한다

여기서 말하는 수준이란 문장 쓰기 규칙과 약속을 지켜 쓴 것을 말합니다. 문장 수준을 지키지 못한 나쁜 문장을 따라 쓰면 나쁜 문장을 쓰게 되니까요. 또한 우리 아이의 수준에 맞는 문장이라야 합니다. 무슨 내용인지 모를 문장, 구성한 의도와 어휘를 알 수 없는 문장은 따라 써도 효과가 없으니까요.

3) 멘토 문장은 완전한 문장이라야 한다

완전한 문장이란 문장이 요구하는 필수 성분을 갖춘, 의미가 완결된 것을 말합니다. 완전한 문장이 아니면 의미를 명확하고 빠르게 전달할 수 없고 그러면 문장 쓰기의 기능을 완수할 수 없으니까요. 이런 조건을 갖춘 멘토 문장은 쓰는 힘, 즉 문장력을 길러줍니다. 멘토 문장을 따라 쓰면 따라 쓰기 매커니즘에 의해 멘토 수준의 문장을 쓰게 됩니다.

4) 멘토 문장은 명문이어야 한다

한마디로 이런 조건을 갖춘 멘토 문장은 명문을 말합니다. 뛰어난 글을 의미하는 명문이 아니라 의미를 명확하게 전달하는 명문을 말합니다. 읽으면 메시지가 빠르게 전달되어 글쓴이가 의도한대로 반응하는 문장이 명문입니다.

5) 멘토 문장은 결론적으로 탄탄한 문장이다

단어 하나, 부호 하나가 적절하고 확실한 넘치지 않고 부족하지 않은 문장을 말합니다. 따라 쓰는 것만으로 멘토링 되는 기특한 문장이 바로 멘토 문장입니다.

따라 쓰기란 쓰기 행위지만 실제는 읽기 행위입니다. 명문인 멘토 문장을 읽으며, 단어 하나, 문장부호 하나를 주의 깊게 살피고 배열 순서에도 주의를 기울이게 됩니다. 그 결과 글을 쓸 때도 따라 쓰면서 배운 명문 쓰기 감각과 안목을 발휘하여 탄탄한 문장을 쓰게 됩니다.

6) 글을 잘 쓰려면 훌륭한 문장을 많이 읽어야 한다

글 쓰는 사람이거나 글쓰기를 지도하는 사람이라면 누구나 입에 올리는 조언입니다. 저도 2010년부터 '글을 잘 쓰려면 훌륭한 문장을 따라 쓰기 하라'며 호소했습니다. 십 수년이 지난 지금, 곳곳에서 '이런 글을 따라 쓰기 했다'라는 증언을 듣습니다.

7) 잘 쓴 글을 따라 쓴다

문제는 '잘 쓴'입니다. 따라 쓰기 연습은 모범이 될 만한 문장을 일일이 따라 씀으로써 문장의 형식을 배우는 방법입니다. 만약 잘 쓴 글을 알아보는 안목이 없는 상태면 문제가 되겠지요. 그래서 따라 쓸 만한 잘 쓴 글로 일간지 논설위원이 쓴 신문 칼럼을 추천합니다. 신문 칼럼은 글 잘 쓰는, 경험 많은 기자들이 쓰고, 교정자의 손을 거쳐 제대로 만들어진 글이기 때문입니다.

아이에게도 신문 칼럼처럼 멘토 문장이 필요합니다. 아이의 문장 쓰기를 멘토링할 멘토 문장은 좋은 글쓰기의 본보기가 될 만한 문장으로 전문가 검증을 거친 제대로 쓰인 문장이어야 하지요.

 멘토 문장은 의미 파악이 바로 되고 복잡하지 않으며 아이들의 관심사를 반영하는 내용이라야 합니다. 교과서가 바로 이런 기준에 부합하지요. 여러 번 강조했지만 교과서는 어느 과목, 어느 쪽을 펼쳐도 잘 쓴 문장으로 가득하지요.

아이에게 글쓰기가 좋아지는 시기가 있다

아이가 영어 유치원을 졸업했나요? 학원, 학습지, 과외, 아니면 엄마표 영어 등 어떤 방법으로든 영어 조기 교육에 돈과 시간과 공을 많이 들였으리라 생각합니다. 어려서부터 영어로 말하고 듣고 쓰고 읽어야 원어민 수준의 능력을 기를 수 있기 때문이지요. 그렇다면 글쓰기는 어떤가요?

아이의 공부와 인생을 가름하는 결정적인 잣대인 글쓰기 능력을 기르기 위해 돈과 시간과 공을 얼마나 들이나요? 아이의 글쓰기 능력 향상을 위해 학원을 보내고 과외시키고 학습지를 구독한다 해도 헛수고입니다. 어디에서도 문장 쓰기를 연습시키지 않으니까요.

기관에서는 문장 쓰기 규칙을 가르치고 시험문제 풀이를 가르칠 뿐 문장 따라 쓰기를 통한 문장 쓰기를 습득시켜 주지는 않습니다. 문장 따라 쓰기 연습은 짧은 시간에 효과를 볼 수 없고, 빛도 안 나고 시간만 들기에 사교육에서는 잘 다루지 않거든요.

그렇다면 글쓰기로 돈 버는 사람들은 문장 쓰기를 어떻게 다졌을까요?

글밥을 먹는 사람들은 월급을 받아가며 문장 쓰기부터 배웁니다. 글을 쓰고 쓴 글을 한 문장씩 피드백하며 어디가 잘못됐는지 짚어 봅니다. 잘못된 부분을 일일이 수정하면서 무엇이 왜 잘못되었는지를 알면서 문장 쓰기 규칙을 하나씩 자기 것으로 만들어 갑니다. 글밥러들은 직업적인 연습을 통해 문장 쓰기에 단련됩니다. 자신의 글을 누군가 봐 주는 일에 자존심이 상하거나 단련하는 지난한 과정을 견디지 못하면 문장 쓰기 규칙을 자기 것으로 만들 수 없는 것이지요.

문장 쓰기 기초부터 글쓰기의 전반 기술을 배우고 습득하여 자신의 역량으로 만드는 행운은 직업적 단련의 기회가 주어진 사람에게만 주어집니다. 이런 기회를 만날 수 없다면 글쓰기 앓이에 시달려야 합니다. 내 아이에게 어떤 기회를 주고 싶은가요?

늦어도 초등 4학년에는
문장 쓰기 떼야

문장 쓰기의 기초는 가능한 초등학교 3학년에 시작하여 초등학교를 졸업하기 전에 떼야 합니다. 그래야 본격적으로 어려워지는 중학교 공부에 지장 없고, 글쓰기 평가가 많아지는 중학교에서 글쓰기 스트레스가 없습니다. 글쓰기 때문에 글쓰기 학원 다니느라 다른 과목에 들일 시간을 할애하지 않아도 됩니다.

문장 쓰기 기초를 다지는 일, 초등학교 3학년 무렵이 아니면 다시는 배울 수도, 시간을 내어 몰입할 수도 없습니다.

문장 쓰기는 사고력을 개발하고 생각을 성장시키지만, 우리 아이들이 학교에서 정식으로 문장 쓰기를 배우는 것은 초등 3학년 무렵입니다. 그마저도 교과서에서 보고, 학습지에서, 학원에서 문제풀이 하고는 그만입니다. 이후 학교, 학원에서도 문장 쓰기는 뗐다는 전제로 글쓰기 진도가 나갑니다.

아이는 아주 잠깐 스치듯 배웠을 뿐인데, 문장 쓰기가 무엇인지 이해하고 연습하며 체득할 시간 없이 아이가 문장 쓰기를 배울 유일한 기회를 지나칩니다.

엄마 아빠가 초등학생일 때는 글을 못 써도 좋은 성적을 받는데 지장이 없었습니다. 그런데 요즘 우리 아이들은 초등학생인데도 교과 활동에서 이런 요구를 받습니다.

'○○에 대해 쓰시오.'
'왜 ○○은 ○○인지 설명하시오.'

학년이 올라갈수록 학습 목표가 글쓰기로 사고력을 평가하는 데 맞춰져 이런 요구는 더욱 늘어납니다. 또 중학교에서 글쓰기는 이미 선택이 아니라 필수입니다. 고등학교, 대입 수능시험… 이후 학교 공부와 대학교 진학, 사회 진출에 이르기까지 아이들의 미래는 글쓰기에 걸렸다고 해도 과언이 아닙니다.

모래성에 기초를
쌓지 않으려면

학교 공부는 계통성을 지닙니다. 모든 과정이 앞에서 배운 것을 전제로 나아갑니다. 어떤 것이든 때를 놓치면 그것을 토대로 진행하는 다음 진도를 따라잡을 수 없습니다. 글쓰기 능력을 배양하는 학습 목표에서 맨 처음 우리 아이가 배우는 것은 문장 쓰기이며 초등학교 3학년 무렵에는 문장 쓰기에 익숙해져야 합니다. 그래야 이후 글쓰기 과정을 무리 없이 배울 수 있습니다.

이때를 놓치면 아이의 글쓰기 능력은 기초 없이 쌓아올리는 모래성이 됩니다. 단순히 학원에 과외에 학습지를 쫓아다니며 보충 수업하는 것으로 해결되지 않습니다.

글쓰기 두려움을 없애는 교과서 따라 쓰기

텔레비전 프로그램 〈슈퍼맨이 돌아왔다〉를 자주 봅니다. 아이들의 천진난만한 모습이 좋아서요. 예전에는 대한이, 민국이, 만세, 삼둥이 팬이었다가 요즘에는 윌리엄과 벤틀리 형제에게 빠졌습니다. 볼 때마다 아이들은 쑥쑥 자라고, 더욱 자연스럽게 카메라를 대합니다.

농구 스타 허재 님이 인터뷰한 기사를 보았습니다. 농구 선수인 자신을 따라다니며 저절로 농구에 입문한 아들도 자연스럽게 농구 선수가 되었다 합니다.

텔레비전에 나오는 아이들뿐 아니라 우리 아이들도 이렇게 배움니다. 교과서 따라 쓰기는 교과서에 실린 한 문장을 그대로 옮겨 쓰면서 자연스럽게 문장과 친해지기를 목표합니다. 간단해 보이는 방법이지만 문장 쓰기 연습의 전부입니다.

1) 글 잘 쓰는 유일한 연습법

초등학교 때 바르게 쓰인 문장을 많이 접해야 문장에 대한 안목과 감각을 기를 수 있습니다. 아이가 바른 문장을 알아보고 어떻게 쓰는지 안다면 바른 문장 쓰기도 어렵지 않습니다.

이 책은 교과서에 수록된 바른 글을 하루에 한 문장씩 따라 쓰며 바른 글에 대한 안목과 감각을 기르게 돕습니다. 문장 한 줄을 차분하게 공들여 옮겨 쓰면 머리가 기억하고, 눈이 기억하고, 손이 기억합니다.

아직 문장 쓰기에 대한 악습이 굳어지기 전, 초등학생인 아이는 바른 문장을 매일 접하며 바른 문장 쓰기의 기초를 빠르게 다질 수 있습니다. 더도 말고, 덜도 말고 교과서 한 문장 따라 쓰기, 이것이 글포자를 예방하는 문장 쓰기 연습의 전부입니다.

2) 문장을 주의 깊게 읽는 연습

하루에 책 한 권을 읽을 수 있지만 문장 형식을 이해하려면 문장을 구성한 단어와 구절을 주의 깊게 들여다봐야 합니다. 문장을 대충 읽으면 문장 형식에 주의를 쏟을 수 없습니다.

교과서를 한 문장씩 따라 쓰는 연습은 문장을 주의 깊게 살피는 습관을 들여 줍니다. 교과서 속 문장을 옮겨 쓰면서 해당 내용을 담아낸 글쓰기의 구조도 파악합니다. 흘깃 스치듯 읽을 때는 미처 모르던, 문장부호 하나의 역할까지도 알아차립니다. 아이가 문장을 쓸 때도 아주 요긴하게 작용하도록 습관을 들이게 하세요.

3) 꾸준히 의도적으로 연습

문장 한 줄을 제대로 쓰는 습관은 하루아침에 길러지지 않습니다. 그랬더라면 문장 쓰기 기초가 닦여 있지 않아 글포자가 되는 사람은 없을 테지요. 어떤 것이든 목표에 도달하게 만드는 정확한 방법을 일관성 있게 오래 반복해야 합니다.

교과서 문장 따라 쓰기에 들이는 시간은 하루에 길어야 10분입니다. 아이가 과제라 여기지 않을 정도로 가볍게 시작할 수 있고 거부감 없이 감당할 시간입니다.

하루 10분씩 겨우 교과서 한 줄 따라 쓰기 했을 뿐인데 엄마는 잘했다고 칭찬합니다. 아이는 기꺼운 마음이 들 것이고 즐겁기도 할 것입니다. 성취감은 덤이고요. 하루 10분 편한 마음으로 수행하는 교과서 따라 쓰기 연습은 결과적으로 뇌에 모범 문장을 새깁니다.

4) 문장과 친해지는 연습

　수영을 배울 때, 아이들이 맨 처음 하는 일은 물과 친해지기입니다. 튜브를 차고 물가에서 물장난을 하며 놉니다. 요리하는 엄마 곁에서 밀가루 반죽을 주무르며 놀아본 아이는 요리 배우기에 적극적입니다. 뭔가를 잘하려면 그것과 친해져야 합니다. 그래야 하고 싶어지고, 하고 싶어야 잘하게 됩니다. 교과서 따라 쓰기 연습 만큼 문장과 친해지는 연습은 없지요.

1일
1교과서
1문장 따라 쓰기

교과서 따라 쓰기는 문장 쓰기 연습에 집중합니다. 매일 교과서에서 골라낸 한 문장을 따라 쓰는 것이 전부입니다. 다만, 따라 쓰기 할 때는 3단계를 꼬박꼬박 지켜야 합니다.

1단계. 문장을 골라 소리 내어 읽기
2단계. 문장을 외운 다음 따라 쓰기
3단계. 원문과 대조하며 확인하기

예를 들어 볼까요? 초등학교 사회 3학년 1학기에서 문장을 골랐습니다.

요구하거나 생각한 대로 잘된 물건을 비유적으로 표현할 때, 안성맞춤이라는 말을 사용해요.

소리 내어 읽습니다. 다음에는 문장을 외웁니다. 그리고 외운 내용을 원고지에 그대로 씁니다.

요	구	하	거	나		생	각	한		대	로		잘	된	
물	건	을		비	유	적	으	로		표	현	할		때	,
안	성	맞	춤	이	라	는		말	을		사	용	해	요	.

마지막으로 교과서 문장 원본과 아이가 따라 쓰기한 내용을 대조하여 맞게 썼는지 확인합니다. 간단한 문장인데 설마 다르게 쓸까, 싶나요? 간단한 한 문장도 외워서 쓰기란 의외로 쉽지 않습니다. 그렇기에 원문과 대조하여 틀리게 쓴 부분은 바로 쓰도록 지도합니다. 일반 공책이나 종이보다 원고지에 따라 쓰면 바른 표기법을 잘

배울 수 있습니다. 특히 표기법이 까다로운 외국어 표기나 숫자, 문장부호 등이 포함된 문장을 서너 종류, 서너 번만 따라 써도 아이는 금세 배울 것입니다.

예를 들어 신문 기사인 다음 문장을 원고지에 따라 써 봅니다.

'손세이셔널(Sonsational)'이라 불리는 손흥민. 그의 성인 '손'과 선풍적이라는 뜻의 영어 단어 '센세이셔널(sensational)'을 합쳐 만든 별명은 해외 언론이 붙여준 것. 축구의 본고장인 영국에서도 손흥민에 대한 찬사는 끊이지 않는다.

	'	손	세	이	셔	널	(	S	o	n	s	a	t	i	o	n
a	l	)	'	이	라		불	리	는		손	흥	민	.		그
의		성	인		'	손	'	과		선	풍	적	이	라	는	
뜻	의		영	어		단	어		'	센	세	이	셔	널	'	을
합	쳐		만	든		별	명	은		해	외		언	론	에	서
붙	여	준		것	.		축	구	의		본	고	장	인		영
국	에	서	도		손	흥	민	에		대	한		찬	사	는	
끊	이	지		않	는	다	.									

따라 쓰기를 원고지에 해야 하는 이유는 원고지에 한 자 한 자 옮겨 쓰는 것만으로 표기법을 저절로 배우기 때문입니다. 영어 단어 대문자는 원고지 한 칸에 한 글자를, 소문자는 한 칸에 두 글자를, 문장부호 괄호는 각각 한 칸씩을 쓴다는 규칙을 따로 외우지 않아도 한 번 써 보면 각인이 됩니다. 이것이 따라 쓰기의 놀라운 효과입니다.

교과서에서 고른 한 문장을 원고지 표기법에 맞게 옮겨 썼는지 여부를 알려면 엄마가 도와주어야 합니다. 워드 파일에서 '원고지 문서 만들기' 기능을 불러내면 파일이 200자 원고지로 바뀝니다. 여기에 아이가 고른 문장을 입력하면 원고지 표기법대로 표현됩니다. 이것을 원본 삼아 아이가 따라 쓰기 한 것을 대조하면 됩니다. 책 뒤에 활동지를 부록으로 넣었으니 확인해 보세요.

따라 쓰면 보이는 첫 문장의 힘

모든 글은 첫 문장을 시작으로 문장 이어달리기를 합니다. 아이에게 첫 문장을 따로 골라 따라 쓰도록 권해 보세요. 첫 문장을 따라 써 문장 패턴에 익숙해지면, 아이는 글쓰기를 더는 어렵다고 여기지 않습니다. 왜냐하면 첫 문장은 다음 문장 그리고 그다음 문장을 불러내거든요. 첫 문장을 제대로 쓰면 나머지 문장은 저절로 나오는 법입니다. 피시 교수는 첫 문장의 힘을 이렇게 설명합니다.

"내가 쓴 첫 문장이 그것에서 시작된 여정의 우여곡절을 온전히 이해한 결과물이라면 (이런 경우 첫 문장은 곧 마지막 문장이 된다) 그 문장만 따라

가도 내 주장과 사례들의 질서가 제대로 잡힌다."

첫 문장을 쓰는 공식은 없다

 일본 소설가 하루키 선생은 '나는 굴튀김을 좋아한다'라는 한 줄로 자신을 소개합니다. 한 줄은 다음과 같은 문장을 불러낼 수밖에 없습니다.

 굴튀김을 언제부터 좋아했는지
 굴튀김을 왜 좋아하는지
 굴튀김을 언제 주로 먹는지
 굴튀김을 어떻게 해 먹는 것을 좋아하는지

 굴튀김 좋아한다는 한 줄이 어렵잖게 여러 문장을 끌어 내고 글을 만들어 냅니다. 글쓰기는 원래 만만찮은 기술이지만 그중에서도 첫 문장 쓰기가 가장 어렵습니다. 첫 문장에 얼어붙기는 어른들도 마찬가지입니다. 그래서 글밥 먹는 사람들은 첫 문장을 써 놓으면 글을 다 썼다고 합니다.
 피시 박사가 알려 주는 첫 문장 쓰기 공식을 들어 볼까요?

"첫 문장을 쓰는 공식은 존재할 수 없다. 그 문장이 내놓는 약속은 그것이 소개하는 상상의 세계마다 다르고, 상상의 세계는 무한하기 때문이다."

첫 문장 쓰는 공식은 따로 없다는 것이 공식이군요. 하지만 아이가 첫 문장을 잘 쓰게 만드는 쉽고 간단한 연습법이 있습니다. 바로 우리가 계속 이야기했던 교과서에 수록된 글의 첫 문장을 따라 쓰는 것입니다.

첫 문장을 또박또박 따라 쓴 아이는 따로 시키지 않아도 다음 문장을 읽고 또 그다음 문장을 읽습니다. 그러다 글 한 편을 다 읽을 것입니다. 첫 문장이 하는 일이 원래 그런 것이니까요. 잘 쓰인 첫 문장은 미끄럼틀 같아서 끝 문장까지 읽게 만드니까요.

첫 문장을 따라 쓰다가 마지막 문장까지 읽기를 반복하다 보면 어느 날 아이는 스스로 알게 될 것입니다. 글에서는 첫 문장이 중요하고, 글을 잘 쓰려면 첫 문장을 잘 써야 한다는 것을요. 급기야 '나도 첫 문장 잘 쓰고 싶다'며 욕심을 내지요. 이런 욕심을 가지게 되는 아이라면 분명 글을 잘 쓰게 되겠네요. 이것이 교과서 따라 쓰기, 첫 문장 따라 쓰기 연습의 마법입니다.

겨우 한 문장 따라 쓰기, 이걸로 될까?

만화가 이현세는 이렇게 말했습니다.

"만화를 지망하는 학생들은 그림을 잘 그리고 싶어 한다. 그렇다면 매일매일 스케치북을 들고 10장의 크로키를 하면 된다. 1년이면 3,500장을 그리게 되고 10년이면 3만 5,000장의 포즈를 잡게 된다. 그 속에는 온갖 인간의 자세와 패션과 풍경이 있다. 한마디로 이 세상에서 그려 보지 않은 것은 거의 없는 것이다."

이현세의 말을 이 책에 적용하면 이러합니다.

"초등학생들은 글을 잘 쓰고 싶어 한다. 그렇다면 매일 교과서 따라 쓰기를 하면 된다. 문장 한 줄에서 한 편의 글까지 매일 따라 쓰기 하면 1년이면 365줄, 365편의 멘토 문장, 멘토 글을 쓰게 된다. 이 속에는 온갖 문장과 글이 있다. 한마디로 아이가 써보지 않은 글은 거의 없는 것이다."

글쓰기에서 의미 있는 성취를 이루려면 가장 기초인 문장 쓰기부터 신중하게 연습해야 합니다. 신중한 연습은 의도에 맞게 설계된 프로그램으로 오랜 시간 의식적으로 연습하는 것을 말합니다. 이때, 매일 연습하기 위해 의지력을 불태워야 한다면 결코 오래 지속할 수 없습니다. 의지가 아니라 일상 습관의 하나로 글쓰기 연습을 하게 해야만 지치지 않고 계속해 의도한 목표를 이룹니다. 앞에서도 강조했지만 글쓰기는 일주일에 1시간 연습하기보다 10분씩 매일 연습하는 편이 훨씬 효과적입니다. 게다가 아직 초등학생인 아이의 집중 시간은 어른에 비해 훨씬 짧으니까요.

　다이어트를 예로 들면 이해가 쉽습니다. 어쩌다 배터지게 먹는다고 바로 비만이 되지는 않습니다. 매일 한 숟가락씩 더 먹으면 겨우 한 숟가락이지만 어느 순간 회복이 불가능한 비만이 됩니다. 이것이 복리의 마법이지요. 아이가 교과서 따라 쓰기를 오늘 한 번 더 하는 것과 어제는 하고 오늘은 하지 않을 경우를 계산해 볼까요?

어제보다 한 번 더 하는 것 1.01
어제보다 한 번 덜 하는 것 0.99

여기에 각각 365일을 곱하면, 그 차이는 무려 이러합니다.

1.01×365일=37.8배
0.99×365일=0.03배

하루에 한 번 교과서 따라 썼을 뿐인데 1년 만에 38배 차이가 나고, 3년이면 54,000배 차이가 납니다. 아이들이 하루가 다르게 키가 크듯 아이의 뇌도 하루하루 자랍니다. 그러니 글쓰기 연습을 조금씩이라도 매일 하면 복리의 마법이 일어나겠지요.

교과서 따라 쓰기가 이렇게 초미세 습관으로 자리 잡는 동안 아이의 머릿속에는 이 세상에 존재하는 수많은 문장이 입력되고 수많은 구절을 써 보게 되고 수많은 글을 읽고 이해하는 아이가 됩니다.

감당할 만한 목표로 아이를 자극하기

일본 전국 학력고사에서 10년 연속 1위를 한 초등학교를 이끈 가게야마 히데오 선생님. 이런 놀라운 성취를 일으킨 비결은 아이들에게 도전할 의욕을 불러일으킨 것이라고 알려줍니다. 아이들에게 부족한 공부에 도전할 의욕을 불러일으키려면 이것만 끝내고 놀라는 식의 범위를 정해 주는 것이 좋다고 합니다. 그래야 아이들이 얼른 하고 싶어지기 때문이지요.

학습 범위가 막연하거나 너무 엄청나면 의욕이 생기지 않는 것은 어른에게도 마찬가지입니다. 또한 공부 방법이 쉬워야 한다고 강조합니다. 반복해야 하는 공부에서 방법이 간단하지 않으면 아이의 의욕이 꺾이고 오래 지속할수 없다는 애기입니다. 방법이 간단해야 지치지 않고 반복하며 그 과정에서 실력이 올라가는 것을 아이 스스로 느끼게 된다고 합니다.

교과서에서 뽑은 멘토 문장을 매일 한 문장씩 따라 쓰기 하면 1년이면 365문장이고, 문장 따라 쓰기 연습을 3년하면 무려 1,000여 문장이 아이의 뇌리에 입력됩니다. 이래도 하루 한 줄 교과서 문장 따라 쓰기 연습이 너무 사소한 것 같나요?

꾸준한 따라 쓰기가 아이의 재능이 된다

'가장 미래를 내다보는 대학교이지만, 그 방법은 오로지 과거를 깊이 탐색하는 것이다.'

〈뉴욕 타임스〉가 어느 대학교를 두고 평가한 말입니다. 이 대학교에 입학하면 4년 내내 읽고 쓰기만 합니다. 졸업할 때까지 의무적으로 읽는 책은 200권의 고전. 4년 동안 소크라테스에서 니체까지 읽고 토론하고 에세이를 씁니다. 졸업 때는 세부 전공 없이 인문 교양학사 학위를 받습니다. 졸업과 동시에 IT 기업에 스카웃되거나 의학전문대학원, 로스쿨 등으로 진출합니다. 이 학교는 미국의 명문

대학교의 하나로 꼽히는 세인트존스칼리지입니다. 이 학교의 목표는 학생들을 '씽커(Thinker)'로 길러내는 것입니다. 인간을 성찰하고 세상을 바라보는 비판적 사고방식을 가진 사람이 씽커입니다.

전문가들은 세인트존스칼리지 학생들에게 4년이라는 시간은 씽커가 되는데 걸리는 시간이 아니라 잘 읽고 생각하고 쓰는 사람이 되는데 필요한 절대 시간이라고 평가합니다. 고전에 파묻힌 절대 시간이 없이는 씽커가 되는데 필요한 요소를 갖출 수 없다고 설명합니다.

교과서 따라 쓰기야 말로 씽커를 목표합니다. 무슨 글이든 척척 잘 쓴다는 것은 척척 잘 생각해야 가능하니까요. 초등학교 시절 2~3년을 교과서를 따라 쓰며 문장에 파묻힌 절대 시간을 보낸다면 잘 읽고 잘 생각히고 잘 쓰는데 절대적으로 요구되는 필수 요소를 갖추게 됩니다.

글쓰기 재능은
타고나지 않는 것

재능 개발 전문가 대니얼 코일(Daniel Coyle)은 초일류 인재들의 재능 개발 비결은 재능을 이루는 핵심 기술을 완벽하게 습득하는 데 있다고 합니다. 핵심 기술을 조금씩 습득하는 정도가 아니라 그 기술을 최대치로 발휘할 수 있을 때까지 갈고닦아야 한다고 알려줍니다. 예를 들어, 테니스 선수라면 '서브 토스'를, 영업 사원이라면 '20초 영업 토크'를 핵심 기술 과제로 선택하여 눈을 감고도 할 수 있을 정도로 연습하는 것입니다.

  이처럼 초등학생이 하루에 교과서 한 문장을 따라 쓴다는 것은 문장 쓰기 연습을 본격적으로 하는 것입니다. 글쓰기의 핵심 기술은 문장 쓰기이며 어떤 생각이든 문장으로 쓰는데 능숙해지지 않고서는 글을 잘 쓸 수 없습니다.

차근차근 확장하는 글쓰기

  전문가들은 뇌가 자라는 방식에 놓고 보면 하루 한 줄 따라 쓰기가 결코 가벼운 연습이 아니라고 알려 줍니다. 즉, 매일 조금씩 연습하는 것이 일주일에 한 번 몰아서 연습하는 것보다 효과적이라고 말합니다.

  10분밖에 안 되더라도 하루에 조금씩 연습한다면 뇌의 성장에 도움이 되는 반면, 이따금 연습한다면 우리의 뇌는 매번 연습 내용을 따라잡으려고 애쓰게 되어 연습 효과가 없다고 설명합니다. 대니얼 코일은 무엇이든 잘하려면 밥 먹듯이 연습해야 한다고 강조합니다.
문장 박사 피시 교수는 이번에도 이러한 주장에 쐐기를 박습니다.

"모든 기술이 그렇듯 문장을 읽고 쓰는 기술도 서서히 발전한다. 소박하게 세 단어짜리 문장에서 시작해, 필요에 따라 문장 구조를 줄줄 말하는 단계까지 능력을 키운 뒤에, 그다음 단계의 연습을 실행하면 된다."

피시 교수는 잠결에서도 설명할 수 있을 정도로 아주 간단한 문장을 연습하고 나서 점점 확대하여 연습하라고 일러줍니다.
사람은 아이나 어른이나 자신이 감당할 만한 일을 할 때 동기가 극대화된다고 합니다. 이미 글쓰기가 겁나고 두려운 아이에게 글쓰기 연습은 생각만 해도 질려버릴 겁니다. 이때 가볍게 시작해야 연습하는 습관을 오래 지속합니다. 가벼운 습관일 때 상황에 핑계대지 않고 계속할 수 있습니다. 습관을 가능한 한 쉽게 유지해야 합니다. 그래야 상황이 완벽하지 않아도 습관을 계속해 나갈 수 있습니다. 일단 습관이 확립되면 작은 방법을 이용해 꾸준히 나아가는 것이 중요합니다.

4장

교과서 따라 쓰기로 첫 문장 쓰는 법

짧은 글이라도 매일 쓰게 하라.

-낸시 소머스, 하버드대학교 글쓰기 담당교수

성공하려면 문장력이 필수인 시대

어른, 아이 할 것 없이 스마트폰으로 인해 카.페.인(카카오톡, 페이스북, 인스타그램)과 유튜브 중독 증세가 심하지요. 이 증상은 글쓰기 패턴까지 바꿔놓았습니다.

손 안의 컴퓨터, 스마트폰의 작은 모니터에서 사람들은 최소한의 단어와 약어, 이모티콘과 문장부호로 쓰면서 소통합니다. 암호를 주고받는 것이나 다름없습니다. 그러니 아이가 제대로 된 글쓰기를 잘할 리 없고, 글을 쓰라고 하면 정색하고 겁부터 내지요. 어른도 마찬가지입니다.

"요즘 아이들은 읽는 것이나 쓰는 것은 잘 못합니다. 독후감 숙제 한 것을 보면 학부모들이 고쳐 주거나 인터넷에서 보고 베낀 것 같은 독후감이 많아요."

"교과서를 못 읽어요. 다 읽고 나서 '무슨 내용이야?' 하고 물으면 멍한 얼굴로 '잘 모르겠다'고 답해요.

"페이스북이나 인스타그램에는 곧잘 쓰면서 생각을 정리해 글을 쓰는 일을 어려워하는 학생이 너무 많습니다."

"스마트폰을 일상적으로 사용하다 보니 손으로 글씨 쓰기를 어려워하는 학생들이 너무 많아요."

초등학교 선생님들의 하소연입니다.

한 문장도
제대로 쓰기 힘든 아이

선생님들이 안타까워하는 것은 많은 아이들이 공부에 직결되는 쓰기와 읽기 능력에 취약하다는 것입니다. 제시문을 읽고 요약해 글로 쓰는 간단한 과정조차 제대로 하는 학생이 드물다는 것입니다. 쓰는 힘이 취약하면 공부에도 큰 손해가 생길 수밖에 없어 선생님들이 나서서 책을 많이 읽게 하거나 나름의 방법으로 글쓰기 연습을 시켜보지만 그리 효과는 없다고 합니다. 읽기와 쓰기는 하루아침에 의도한대로 길러지는 능력이 아니니 당연합니다.

"우리 아이는 일기, 독후감 많이 쓰는데 글쓰기는 왜 못할까요?"

엄마들의 이런 하소연도 매우 흔합니다. 같은 글쓰기인데 왜 그런지 모르겠다고 합니다. 글쓰기라고 다 같은 글쓰기는 아닙니다.

일기는 자신의 감정이나 생각을 자유롭게 표현하는 형식의 글이고 독후감은 특정한 내용을 요하는 글입니다. 이런 글을 자주 쓴다고 하여 의사소통을 위한 글쓰기가 저절로 될 리는 없지요. 모든 글은 문장 쓰기라는 기초가 필요한데, 일기 쓰고 독후감을 많이 쓴다고 문장 쓰기 기초가 저절로 닦이지는 않습니다.

선생님들이 지적한대로 아이가 공부를 잘하게 하려면 어떤 글이든 척척 쓰는 능력을 길러주어야 합니다. 쓰는 힘은 일기나 독후감에 맡겨 될 일이 아닙니다. 우선은 어떤 생각이든 문장으로 담아내는 문장 쓰기에 능숙해져야 하고, 문장을 연결하여 구절을 만들고 또 문단을 만들어 글 한 편을 완성하는 일련의 연습을 하게 해야 합니다.

아이가 원주민처럼 영어로 생각하고 말하고 쓰게 만들려고 일찌감치 돈과 시간과 에너지를 아낌없이 들이듯 국어를 배우는데도 글쓰기를 잘하게 만드는데도 당연히 그러해야 합니다. 국어는 무슨 공부에든 전적으로 영향을 미치니까요.

특히 아이들은 국어 공부에서 글쓰기를 가장 어려워하지요. 그렇기에 엄마가 할 일은 아이가 글쓰기를 척척 할 수 있도록, 문장력을 기를 수 있도록 돕는 일입니다. 아이가 국어 실력을 최대치로 올리고 이를 바탕으로 인생 실력까지 최고치로 끌어올릴 수 있도록 말이지요.

아이의
글쓰기 재능을 만드는
결정적 기술

플로리다대학교 옐로우리스 더글라스(Yellowlees Duglas) 교수 팀은 다음의 질문을 놓고 경영대학원생 65명을 대상으로 연구에 돌입했습니다.

'글을 잘 읽으면 글을 잘 쓰게 될까?'
'글을 잘 쓰는 사람은 잘 읽을까?'

대학원생들에게 즐겨 읽는 글의 종류가 책인지 기사인지 또는 인터넷 글인지를 묻고, 일주일에 글을 읽는 시간은 얼마나 되는가도 물었습니다. 그러는 한편 그들이 제출한 과제글을 분석하여 논리력, 어법 등 글쓰기 능력을 평가했습니다.

마침내 연구 결과가 도출되었습니다.

'글을 잘 읽으면 글을 잘 쓴다.'
'글을 잘 쓰는 사람은 잘 읽는다.'

연구진에 따르면 학술서적이나 비평가의 극찬을 받은 수준 높은 문학을 읽는 학생들의 글쓰기 수준이 가장 높았고, 인터넷 글, 잡지 등 가벼운 글을 즐겨 읽는 학생은 어휘력, 긴 문장을 구사하기 어려워하고, 글쓰기 능력이 떨어졌습니다.

연구진이 정리한 결론은 이렇습니다.

'제대로 읽기 즉 의미를 파악하며 읽는 깊이 있는 독서가 글을 잘 쓰게 한다. 깊이 있는 독서를 할 때 활성화되는 뇌 속 언어 기능 관장 부분이 글쓰기를 할 때도 주로 동원되기 때문이다.'

더글라스 교수는 깊이 읽는 연습을 하는 것으로 글을 잘 쓰게 된다고 강조합니다. 숨은 뜻을 추론하고 분석하고 더 깊이 사고하게 하게 만들기 때문이지요. 이 연구 결과는 '글쓰기는 학습해서가 아니라 읽기를 통해서 가능하다'라고 단언하는 언어 교육계 최고의 권위자인 교수의 주장과 일치합니다.

따라 쓰기가 유일한 방법이다

크라센 교수는 초등학교부터 대학교까지 국어 시간에 배워온 방식으로는 수준 높은 글을 읽고 쓰는 능력을 갖추기 힘들다고 말합니다.

언어란 규칙과 단어를 하나씩 배워서 활용하기에는 너무나 방대하기 때문에 공부를 통해 습득하기보다는 좋아하는 내용의 책을 자주 많이 읽으면 독해력, 어휘력, 문체, 문법, 철자쓰기 등 언어 능력이 저절로 발달한다고 알려줍니다. 크라센 교수는 '읽고 쓰기를 잘하려면 어떻게 해야 할까?' 하는 질문을 받을 때마다 이렇게 답한다고 합니다.

"읽기는 언어를 배우는 최상의 방법이 아니라 유일한 방법입니다."

쓰는 힘을
만드는
읽는 힘

크라센 교수가 알려주는 글 잘 쓰는 유일한 연습은 읽기입니다. 기자, 작가, 카피라이터들은 잘 쓰려면 잘 읽어야 한다는 이 말에 아무도 토를 달지 않을 것입니다. 글 쓰는 사람들은 글이 잘 써지지 않을 때 더 많이 읽습니다. 읽기만으로 글을 잘 쓸 수 있지요.

원래 글쓰기의 절반은 읽기입니다. 첫 문장을 쓴 다음부터 글쓰기 작업은 읽기와 쓰기를 번갈아 합니다. 앞에 쓴 것을 읽으며 다음 내용을 쓰고, 이렇게 읽기와 쓰기를 반복하여 글을 완성합니다. 일단 글이 완성되면 또 여러 차례에 걸쳐 읽고, 고치고, 지우고, 다듬어 완성도를 높입니다. 글을 제대로 읽을 줄 모르면 글은 쓸 수도 고쳐 쓸 수도 없습니다. 그래서 자신이 쓴 글을 읽고 오류와 에러를 고쳐 쓸 수 있는 능력자를 '글쓰기 프로'라고 합니다.

아이가 글을 잘 쓰지 못한다면 잘 읽지 못하기 때문입니다. 문장 한 줄을 쓰는데도 절절맨다면 한 줄 문장을 제대로 읽지 못하기 때문입니다. 아이가 글을 잘 쓰게 하려면 잘 읽게 도와야 합니다. 자신이 쓴 글을 읽고 잘못된 곳을 가려내 고쳐쓸 정도로 읽게 만들어야 합니다.

문장을 잘 쓰려면 잘 읽어야 한다

그런데 제대로 읽기란 그리 녹록한 행위가 아닙니다. 단순히 글자를 따라 눈동자가 이동하는 정도의 읽기는 읽기가 아닙니다. 내용에 빠져 내용을 따라 읽는 것은 읽는 힘의 절반에 불과합니다. 쓰는 힘을 만드는 읽는 힘은 의미를 전달하기 위해 어떤 단어와 어떤 문장부호가 어떤 순서로 배열되고 조립되었나를 파악하는 읽기를 포함합니다.

내로라하는 성취를 보인 어른들의 글쓰기를 지도하며 통감한 것 또한 잘 쓰지 못하는 이유는 잘 읽지 못해서라는 것입니다.

성인들의 글쓰기 지도를 위해 읽기 연습법이 필요하다는 것을 절감했고, 《읽기와 쓰기를 다 잘하려면 지금 당장 베껴쓰기 하라》는 제목의 따라 쓰기 연습법 책도 냈습니다. 이 책의 메시지는 이렇습니다.

'쓰는 힘은 따라 쓰기로 가능하다.'

문장을 잘 쓰려면 문장을 잘 읽어야 합니다. 어떤 글이든 척척 잘 쓰려면 어떤 글이든 척척 잘 읽어야 합니다. 여기에는 교과서 속 글 한 편을 따라 쓰는 연습법이 유용합니다.

이 연습은 한 편의 완성문을 따라 쓰기 하는 것입니다. 문장을 따라 쓰며 문장 쓰기를 배운 것처럼 글 한 편을 쓰며 알아야 할 모든 것, 잘 읽히는 글 한 편 쓰기에 필요한 규칙과 노하우를 저절로 배웁니다.

글쓰기 고수들이 추천하는 최고의 연습법

숙제용 글쓰기는 세 줄도 못 쓰면서 메신저나 문자글은 어려워하지 않는 아이들이 많습니다. 게임이나 SNS 할 때는 기가 막히게 잘 쓰는 아이가 적지 않습니다. 스마트폰 안에서 아이의 글은 줄임말, 은어, 엉터리 맞춤법으로 도배되기 일쑤입니다. 아이의 이러한 글 아닌 글을 보게 되면 엄마들은 걱정합니다.

'우리 아이는 스마트폰 때문에 글쓰기를 못하는 것 같다.'

결국 스마트폰을 못 쓰게 하는 식의 고압적인 대책을 내놓아 아이들과 갈등하는 엄마도 많습니다. 그런데, 놀랍게도 스마트폰이 아이들의 글쓰기를 망치는 것은 아니라고 합니다. 실상은 오히려 그 반대라고 말하지요.

언어학자들의 연구를 보면 줄임말을 더 많이 사용하는 아이들이 읽기와 단어 시험에서 더 높은 점수를 얻습니다. 또 글쓰기에 익숙하고 맞춤법을 잘 쓰는 아이들이 스마트폰으로 소통할 때 약어도 더 많이 사용한다고 합니다.

남들보다 일찍 휴대폰을 사용하기 시작한 아이들이 그렇지 않은 아이들보다 읽기와 단어 시험에서 더 높은 점수를 받기도 한다고 합니다.

결국 표준어와 맞춤법을 모르면 약어도 쓸 수 없다는 것입니다. 이러한 연구들에 기반하여 생각하면, 휴대폰을 일찍 사용한 아이들이 문장력이 좋다는 사실입니다. 스마트폰이든 어디에든 쓰기로 소통하기에 능숙한 아이들이 글쓰기를 제대로 연습하면 어떤 글이든 척척 잘 쓰는 문장력을 기르는데 탁월할 것이라고 믿게 됩니다.

필사적으로
필사가 필요하다

벤저민 드레이어(Benjamin Dreyer)는 세계적인 출판사 미국의 랜덤하

우스에서 교열 책임자로 20년 이상 근무한 전문가입니다. 교열 전문가는 저자가 책을 내기 위해 쓴 내용이 오류 없이 독자에게 잘 전달되도록 내용이나 표현, 표기를 점검합니다.

교열이란 '문서나 원고의 내용 가운데 잘못된 것을 바로잡아 고치며 검열하는 일'이지요. 오랜 시간, 교열 전문가로 일해 온 그가 글을 잘 쓰고 싶어 하는 사람에게 하는 조언이 있습니다.

'전문적 지위에서 커뮤니케이션을 할 때는 특히 분명하고 정확하게 쓰는 게 중요하다. 그래야만 사람들이 당신의 말을 읽고 이해하는 한편, 당신이 내용을 충분히 알고서 글을 썼다고 생각한다.'

드레이어 교열 전문가는 모든 글은 독자의 신뢰를 얻어야 하는데 맞춤법에 맞춰 정확하게 표현하는 것이 중요하다고 합니다. 그러면서 글을 잘 쓰려면 '잘 썼다고 생각하는 글을 가져다가 한 글자씩 따라 써 보라'고 권합니다.

따라 쓰기는 글을 잘 쓸 수 있는 쉬운 방법으로 잘 쓴 글의 리듬감, 단어 선택, 표기법 등 놀라운 것을 배우게 된다고 덧붙입니다.

필사적 필사 효과,
조정 능력 발달

앞에서도 살폈지만 글을 쓸 때 가장 중요한 부분은 문장을 제대로 쓰는 것입니다. 무엇보다 문장과 문장이 말이 되게 써서 이어가야 합니다.

이처럼 문장을 연결하는 힘은 조정 능력을 필요로 합니다. 조정 능력이란 읽기와 쓰기에서 반드시 필요한 것으로, 읽기에서 문장과 문장과의 관계를 파악하고 자신이 무엇을 읽고 있는지를 판단하는 능력을 말합니다.

읽기를 통해 갖춘 조정 능력은 쓰기에서 자연히 발휘되어 의도에 맞게 제대로 쓰고 있는지, 문장 간의 관계는 제대로 되었는지를 살펴 글을 쓰게 됩니다.

문장을 조정하는 능력은 주의 깊게 제대로 읽는 습관을 통해 길러집니다. 아이가 문장 따라 쓰기 연습을 능숙하게 하면, 이제 잘 쓴 글 한 편을 따라 쓰는 교과서 따라 쓰기 연습을 유도하세요. 글 한 편을 제대로, 깊이 읽으며 글쓰기에 절대적으로 필요한 조정 능력을 기를 수 있습니다.

저는 이러한 글쓰기를 '필사적 필사(必死的 筆寫)'라고 부르기도 합니다. 글쓰기 능력을 개발하기 위해 반드시(必死的) 해야 할 따라 쓰기(筆

饍)라는 뜻에서 붙였습니다. 그리고 글 잘 쓰는 사람들이 반드시 연습한 단 한 가지라는 의미에서요.

쓰기와 읽기를 한 번에, 프랭클린 따라 쓰기

하버드대학교에 입학한 신입생은 '5피트 책꽂이'를 선물받습니다. 하버드대학교를 세계적인 대학으로 발돋움시킨 찰스 윌리엄 엘리엇(Charles William Eliot) 총장이 가려 뽑은 고전 50권의 목록입니다. 누구나 하루 15분가량 50권의 고전을 읽는다면 남부럽지 않은 교양인으로 살 수 있다고 엘리엇 총장은 강조했습니다. 50권의 목록 맨 위에 놓인, 1등 책은 벤자민 프랭클린(Benjamin Franklin)의 자서전입니다.

프랭클린은 지폐에 얼굴이 새겨진 미국인의 우상으로 미국 건국의 아버지로도 불립니다. 정치인이자 외교관이며 과학자였고 작가

였던 그는 놀랍게도 학교 문턱에도 가지 못했습니다. 독학하기에는 글이 많은 인쇄소만한 곳이 없다고 생각하여 인쇄소에서 일하기를 자청했고, 그곳에서 인쇄되는 잘 쓴 글을 따라 쓰며 글쓰기를 배우고 그 내용을 자신의 것으로 만들었지요.

미국인들은 프랭클린이 밑바닥에서 시작하여 근면과 성실함으로 삶의 모든 영역에서 완벽한 성취를 이뤘다고 칭송합니다. 제 책 가운데 많이 팔리고 오래 팔리는 《읽기쓰기를 다 잘 하려면 지금 당장 베껴쓰기 하라》도 프랭클린식 따라 쓰기를 모태로 했습니다.

필사의 멘토, 프랭클린식 따라 쓰기

프랭클린 따라 쓰기는 잘 쓴 글 한 편을 내용이나 표현, 표기에 이르기까지 오롯이 자신의 것으로 만드는 연습법입니다. '주의 깊게 읽고, 읽은 것을 외워 그대로 쓴다'라는 것이 방법의 전부입니다. 이렇게 하는 것만으로 반드시 글을 잘 쓰게 됩니다.

프랭클린 따라 쓰기

의미 단위로 끊어 읽고, 외워서 그대로 쓴다

이 쉽고 간단한 연습법에서 중요한 것은 잘 쓰인 글을 따라 써야 한다는 것과 한 편의 글을 '의미 단위'로 끊어 읽고 의미 단위로 외워 그대로 따라 써야 한다는 것입니다.

의미 단위란 의미상 관련 있는 하나의 생각의 덩어리를 말합니다. 하나의 문장일 수도 있고 문장이 연결된 구절일 수도 있고 또는 하나의 문단일 수도 있습니다. 의미 단위 대로 따라 쓰면 잘 쓰인 한 덩이의 생각이 뇌의 저장고에 차곡차곡 쌓이고 이렇게 저장된 글은 이후 글을 쓸 때 인출되어 쓰고자 하는 내용을 받아내는 금형 역할을 합니다.

하루에 한 문장을 따라 쓰든, 한 문단을 따라 쓰든 기계가 일하듯 글자만 옮겨 놓아서는 효과가 없습니다. 프랭클린처럼 탁월한 성취를 내려면 잘 쓰인 글, 멘토 글을 천천히 그리고 세심하게 읽고 집중하며 따라 써야 합니다. 이런 식으로 따라 쓰는 것은 글쓴이가 의도한 생각의 과정을 글을 따라 추적하고 문장으로 표현되기까지의 경로를 그대로 따라 해 보는 데 있습니다. 따라 쓰기는 이 같은 노력이 결합된 학습입니다.

이렇게 간단하면서도 효과적인 것이 따라 쓰기 연습입니다만, 그래서 오히려 실패할 확률도 높습니다. 손으로 따라 쓰면서 주의 깊게 읽기가 아니라 단지 베끼기만 하면 손글씨 쓰기 연습 또는 타이핑 연습 외에 아무것도 아닌 것이 되니까요.

이전에 따라 쓰기에 대한 책을 내면서 '베껴 쓰기'라 표현했는데, 이후 '따라 쓰기'라고 바꿔 표현하는 이유는 베껴 쓰기라는 말이 불러올 대강대강 건성건성 글자를 똑같이 베끼는 연상 작용을 막기 위해서입니다. 아이들에게 따라 쓰기를 설명할 때도 이 점을 꼭 강조해야 합니다.

아이 스스로
교과서 따라 쓰기
_문장

  문장 쓰기 기초를 닦기 위한 따라 쓰기 연습에서 따라 쓰기할 문장을 교과서에서 골랐습니다. 한 편의 글을 쓰는 힘을 기르는 따라 쓰기 연습에서도 교과서에서 따라 쓰기 할 만한 글을 고릅니다.

  멘토가 되는 글은 초등학생 수준에 맞는 글, 명문으로 쓰인 글, 아이들이 글쓰기를 배울 만한 다양한 표현과 표기로 이뤄진 글이라야 하는데, 이런 글은 교과서에 있으니 멘토 글을 찾느라 고민할 필요가 없습니다.

  교과서의 글은 해당 분야 최고의 전문가들이 쓰거나 가려 뽑아 수록한 것으로 타의 모범이 되기에 손색이 없습니다.

　내용이 아이들에게 부적절하면 어쩌나 하는 고민도 필요 없습니다. 그때그때 아이들의 성장에 필요한 영양소처럼 교과서는 학년에 따라 학기에 따라 과목에 따라 꼭 필요한 내용이 꼭 필요한 만큼 수록되었으니 교과서 글은 더없이 훌륭합니다.

　문장 따라 쓰기 연습 때와 마찬가지로 완성문 따라 쓰기 연습에서도 따라 쓸 멘토 글은 아이가 직접 고르게 합니다. 아이가 따라 쓸 글을 고르느라 교과서를 살피고, 고른 멘토 글을 주의 깊게 읽고 따라 쓰다 보면 예습, 복습 효과라는 기대치 않은 큰 수확도 거둡니다.
　글 한 편을 따라 쓰는 것은 시간이나 에너지가 많이 들기 때문에 아이가 읽고 싶은 글이 아니면 계속하기 힘듭니다.

1일 1글쓰기
3단계

　문장 따라 쓰기 연습에서 강조한 3C를 기억하시나요? 3C는 멘토 글 따라 쓰기에서도 작동하는 유일한 규칙입니다. 아이가 고른 글을 3단계로 따라 쓰게 하세요.

1단계. 멘토 글을 골라 소리 내어 읽는다

2단계. 멘토 글을 외워 따라 쓰기 한다

3단계. 원문과 대조하여 확인한다

문장 한 줄이 아니라 글 한 편을 통째로 따라 쓰기는 생각보다 어렵습니다. 이번에도 따라 쓰기에 앞서 소리 내어 읽기부터 하게 하세요.

소리 내어 읽으면 눈으로 읽을 때보다 문장의 리듬을 이해하기도 좋습니다. 따라 쓰기 전 소리 내어 글 한 편을 읽고 내용을 미리 파악해 두지 않고 시작하면 따라 쓰기에 집중하기 어렵습니다.

글 한 편을 통째로 따라 쓰다 보면 문장 한 줄 따라 쓰기 할 때와는 비교가 되지 않을 만큼 많은, 원본 대비 오류가 발견됩니다. 이번에도 아이가 자신이 따라 쓴 것과 원본을 일일이 대조하여 고쳐 쓰게 하세요. 이 과정에서 아이는 스스로 많이 배웁니다.

1) 의미 단위별로 따라 쓴다

글 한 편을 옮겨 쓰는 따라 쓰기 연습법에서 가장 중요한 규칙은 의미 단위별로 따라 쓰는 것입니다. 글자 한 자씩, 단어 하나 문장 한 줄씩 따라 쓰는 것이 아니라 내용을 의미 단위별로 잘라 읽고 기억하고 기억한 것을 떠올려 그대로 써야 효과적입니다.

　글 한 편을 따라 쓸 때도 종이에 손글씨로 쓴다는 것이 기본입니다. 따라 쓰기 전용 공책 등 어디에든 해도 상관없지만 이번에도 기왕이면 원고지에 멘토 글을 따라 쓰도록 일러 주세요. 눈과 귀와 손을 이용한 따라 쓰기는 내용을 암기하는 데는 물론 지각 능력을 기르는 데도 도움됩니다.

2) 글 한 편 따라 쓰기, 부담스럽지 않을까?

　쓰는 힘을 기르는 데는 매일 글 한 편 따라 쓰기가 정석입니다. 하지만 한 문장을 따라 쓸 때에 비하면 시간이 오래 걸리고 손으로 따라 쓰기가 힘들다고 하소연할 것입니다.

　이래서는 오래 지속하기가 힘들 테지요. 글 한 편 따라 쓰기를 일주일에 2~3회로 하는 방법이 있고, 따라 쓰기 분량을 점차 늘리는 방법이 있습니다.

　일주일에 2~3회라 하더라도 아이들에게는 부담이 클 수 있으니 분량을 점차 늘려가는 방식이 좋을듯합니다. 하루에 한 문장으로 따라 쓰기 맛을 들인 아이들이 부담스럽지 않고 가볍게 도전하도록 하루 글 따라 쓰기를 다음과 같이 순차적으로 제안합니다.

교과서 따라 쓰기의 단계

한 문장 따라 쓰기 → 한 구절 따라 쓰기 → 한 문단 따라 쓰기 → 글 한 편 따라 쓰기

　처음엔 한 문장 따라 쓰기에 이어 한 구절 따라 쓰기, 그 다음엔 한 문단 따라 쓰기, 마지막으로 글 한 편 전부를 따라 쓰는 것입니다. 이렇게 차츰 분량을 늘려가며 따라 쓰도록 하면 아이는 저도 모르는 사이에 글 한 편 따라 쓰기가 부담스럽지 않게 익숙해집니다. 글 한 편 따라 쓰기에 익숙해지면 글을 직접 쓸때도 분량에 부담을 느끼지 않게 됩니다.

아이 스스로
교과서 따라 쓰기
_구절

아이에게 한 문장을 따라 쓰라고 하다가 곧바로 글 한 편을 따라 쓰라고 하면 아이는 따라잡지 못합니다. 한꺼번에 분량이 너무 많아진 데다 그 많은 분량을 단번에 손으로 글씨를 쓰며 따라 쓰기가 힘겨울 수밖에 없습니다. 시간도 많이 드니 평소 하던 일에도 지장을 받을 테지요. 이런 이유가 겹치면 멘토 글 따라 쓰기를 계속하기 어렵습니다.

이러한 불상사를 막는 방법은 한 문장 따라 쓰기, 한 구절 따라 쓰기, 한 문단 따라 쓰기, 글 한 편 따라 쓰기, 이렇게 차례차례 하게끔 지도하는 것입니다.

좋아하는 한 구절
따라 쓰기

한 편의 멘토 글에서 아이가 좋아하는 구절을 골라 따라 쓰도록 지도합니다. 한 구절이란 하나의 의미를 전달하는 묶음 문장을 말합니다. 한 구절 따라 쓰기 할 때는 단어 하나하나를 따라 쓰기 하는 것이 아니라 의미 단위별로 읽고 외워 그것을 떠올리며 그대로 따라 써야 제대로 된 효과를 볼 수 있습니다.

한 편의 글을 읽을 때 의미 단위로 끊어 읽지 못하면, 단어를 하나하나 일일이 읽거나 짧은 구절 단위로 짧게 끊어 읽습니다. 이런 습관이 들면 글 속에서 모르는 단어나 구절을 만났을 때 글을 읽고 싶은 의욕이 사라지는 불상사를 겪게 됩니다. 의미 단위로 끊어 읽을 줄 알면 모르는 단어나 구절을 만나더라도 추론하여 읽는 능력이 길러집니다.

논리적 글쓰기를 사용해서 에세이를 써 낼 줄 알게 되면 아이는 자신의 생각을 일리 있고 조리 있게 표현하는 능력에 대한 자부심과 자신감을 쌓으면서 점차 자신을 창의적인 사람으로 보기 시작할 것이다.

이 글은 MIT 미디어랩의 미첼 레스닉(Mitchel Resnick) 교수가 쓴 《미첼 레스닉의 평생유치원》의 한 구절로 하나의 의미 단위로 끊어 낸 분량입니다. 끊어 읽기 표시는 슬래시(/)로 표시하는데요. 다음 글을 슬래시마다 끊어 읽어 보세요.

논리적/ 글쓰기를/ 사용해서/ 에세이를/ 써/ 낼 /줄/ 알게 /되면/ 아이는/ 자신의/ 생각을/ 일리 있고/ 조리 있게/ 표현하는/ 능력에/ 대한/ 자부심과/ 자신감을/ 쌓으면서/ 점차/ 자신을/ 창의적인/ 사람으로/ 보기/ 시작할/ 것이다.

이렇게 하면 읽기 속도가 느려지고 단어 자체의 의미에만 집착하여 무슨 내용인지 파악하기도 쉽지 않습니다. 반면에 한 구절을 의미 단위별로 끊어 읽으면 빠르게 내용을 파악할 수 있고 읽는 속도도 빨라집니다. 의미 단위로 글을 읽으면 글 속에 낯선 단어나 개념이 보여도 맥락 차원에서 넘겨짚을 수 있거든요. 이렇게 의미 단위로 끊어 낸 내용을 소리 내어 읽고 외워 따라 써야 하는데, 이 구절은 제법 깁니다. 이것을 한꺼번에 외워 쓰기는 무리가 있을 테니 더 작은 단위로 끊는 지혜가 필요합니다.

논리적 글쓰기를 사용해서/ 에세이를 쓸 줄 알게 되면/아이는 자신의 생각을/ 조리 있게 표현하는 능력에 대한/ 자부심과 자신감을 쌓으면서/ 점차 자신을 창의적인 사람으로/ 보기 시작할 것이다.

　이렇게 세분화하여 소리 내어 읽고 외워 따라 쓰면 부담을 최소화하므로 지속적인 연습이 가능합니다. 작은 의미 단위별로 끊어 읽고 따라 쓰기에 익숙해지면 의미 단위별로 따라 쓰기에 도전하게 해 주세요. 의미 단위로 따라 쓰는 습관을 들이면 글을 읽고 이해하는 독해력이 몰라보게 자랍니다.
　글의 내용을 읽고 이해하여 의미를 파악하는 능력인 독해력이 길러지면 아이가 교과서나 시험지에서 만나는 긴 지문도 정확하게 그리고 빠르게 읽어 냅니다.

아이 스스로
교과서 따라 쓰기
_문단

문장이 모여 구절을 이루고 구절이 모여 한 가지 생각을 완결하면 이를 문단이라고 합니다. 한 편의 글은 4~5개 문단으로 구성되지요. 문단은 문단이 전달하려는 핵심 구절과 그것을 뒷받침하는 구절로 이뤄집니다. 한 편의 글을 통째로 따라 쓰기에 앞서 그 글 중 문단 하나를 따라 쓰면 문단 쓰기를 배우게 됩니다.

짧은 한 두 줄 글쓰기는 문장 따라 쓰기로 배울 수 있지만 설득력 있는 글을 쓰려면 문단을 구성하여 쓰기를 배워야 합니다. 문단 쓰기에는 하나의 의미를 전달하기 위해 문장을 연결하여 말이 되게 논리적으로 연결하는 기술이 필요합니다. 이런 기술 또한 배워서가 아니라 따라 쓰기로 가능합니다.

문단을 구성하는 논리와 기술은 한 편의 글을 쓰는데도 그대로 필요한 기술이라 문단 따라 쓰기를 함으로써 글쓰기에 필요한 모든 것을 배웁니다. 문단 따라 쓰기로 문단 쓰기를 배우면 서술형 평가를 두려움 없이 거뜬하게 수행합니다. 논술문도 자기 소개의 글도 분량에 압도되지 않고 씁니다.

교과서에 등장하는 시를 따라 쓰면 시인들의 주특기인 남다른 관점과 표현 기법을 배웁니다. 시를 따라 쓰는 것은 글쓰기 고수들이 초보 시절에 거의 필수적으로 거치는 연습법입니다.

시를 쓸 때는 문장이나 짧은 문구, 행을 통해 어떻게 절정으로 이끌지를 고민하기 때문에 시를 따라 쓰면 밀도 있는 문장을 쓸 수 있습니다. 함축적인 시어를 따라 쓰면 간결하게 핵심을 표현하는 어휘력도 절로 향상됩니다.

교과서 따라 쓰기
- 민요

초등학교 사회 3학년 2학기 교과서에 실린 한국의 민요라는 글 한 편입니다. 이 글에서 문장 한 줄, 한 구절, 한 문단을 원고지에 따라 쓰기 한 예시를 보여드립니다.

> 민요는 오랜 옛날부터 사람들의 입에서 입으로 전해져 내려오는 노래예요. 사람들은 농사를 짓거나 고된 일을 할 때 민요를 부르며 힘을 냈어요. 또 여럿이 모여 강강술래나 줄다리기를 하며 놀 때도 민요를 부르며 흥을 돋우었지요. 민요에는 사람들이 살아가는 모습이나 생각, 감정이 담겨 있어요.
>
> 우리나라를 대표하는 민요로는 아리랑이 있어요. '아리랑 아리랑 아라리요' 로 시작하는 정선 아리랑을 들어본 적 있을 거예요. 재미있는 사실은 아리랑이 하나의 곡이 아니라는 것이지요. 각 지방마다 가사도 다르고 음도 조금씩 다르답니다. 주로 남녀 간의 사랑이나 이별에 대한 이야기를 담고 있어요.
>
> 강강술래소리도 우리나라를 대표하는 민요예요. 크고 둥근 달이 떠 있는 추석날 밤에 여럿이 손잡고 원을 그리며 도는 강강술래를 할 때 부르던 노래였지요. 강강술래소리는 느리게 시작되었다가 차츰 빨라지는 리듬으로 놀이의 즐거움을 더했답니다.
>
> **초등학교 사회 3-2_한국의 민요**

① 따라 쓸 한 문장

민요에는 사람들이 살아가는 모습이나 생각, 감정이 담겨 있어요.

민요에는 사람들이 살아가는 모습이나 생각, 감정이 담겨 있어요.

② 따라 쓸 한 구절

사람들은 농사를 짓거나 고된 일을 할 때 민요를 부르며 힘을 냈어요. 또 여럿이 모여 강강술래나 줄다리기를 하며 놀 때도 민요를 부르며 흥을 돋우었지요.

③ 따라 쓸 한 문단

민요는 오랜 옛날부터 사람들의 입에서 입으로 전해져 내려오는 노래예요. 사람들은 농사를 짓거나 고된 일을 할 때 민요를 부르며 힘을 냈어요. 또 여럿이 모여 강강술래나 줄다리기를 하며 놀 때도 민요를 부르며 흥을 돋우었지요. 민요에는 사람들이 살아가는 모습이나 생각, 감정이 담겨 있어요.

아이 스스로
교과서 따라 쓰기
_신문 기사

　하버드대학교에서 글쓰기 수업을 총괄하는 토마스 젠(Thomas Jehn) 교수는 "사고력은 글쓰기로만 기를 수 있다"라고 단언합니다. 2018년 노벨 경제학상을 공동 수상한, 세계적인 창의성 전문가인 뉴욕대학교 폴 로머(Paul Romer) 교수는 "창의력을 키우려면 글쓰기가 중요하다고 하지요. 아마존의 창업자 제프 베조스도 "글쓰기가 사고력을 개발하는 데 전부"라고 합니다.

　'생각이 힘'인 시대로 접어들면서 사고력은 학생들이 배워야 할 전부가 되었습니다. 다행히도 사고력은 글쓰기로 배울 수 있으며 글쓰기는 따라 쓰기로 배웁니다. 수능 국어가 갈수록 어려워지는 것도 사고력을 평가하기 위해서입니다. 역대급으로 어려운 비문학 지문을 읽고 문제를 풀려면 수준 높은 독해력을 갖춰야 합니다. 이러한 독해력은 주의 깊게 읽는 연습으로 가능하며 따라 쓰기는 독해력을 기르는 필살기입니다.

교과서 따라 쓰기로 문장 쓰기를 포함한 글쓰기의 모든 것을 배웠다면 이제 논리정연한 글쓰기를 연습해 봅니다.

논리적 글쓰기를 만드는 신문

미국에서는 21세기 미래 인재를 키우겠다는 목표로 초등학교 때부터 논리적 글쓰기를 가르칩니다. 논리적 사고력을 키우려면 논리적으로 글을 쓰는 것이 유일한 방법이며 논리적으로 글을 잘 쓰려면 논리적으로 쓰인 글을 따라 쓰기 하는 것이 순서입니다.

신문 기사는 논리적으로 쓰인 글의 대표 주자입니다. 어떤 주제든 일리 있고 조리 있게 기사로 작성하여 독자를 설득합니다. 신문 기사를 따라 쓰며 주제를 간단하고 명료하게 논리 정연하게 전달하기를 연습합니다.

따라 쓸 신문 기사는 아이가 직접 고르게 하세요. 이때 종이 신문에서 기사를 고르는 것이 가장 좋습니다. 아이 몫으로 어린이 신문을 구독하면 아이가 더욱 진지하게 신문 기사를 따라 쓸 테지요. 집에서 신문을 구독한다면 일주일에 하루가량 아이를 위한 기사를 따로 실으니 발췌해 활용해도 좋습니다.

신문 기사는 단순하고 명료하며 정확한 것이 생명입니다. 이것이 신문 기사 따라 쓰기를 하는 이유이기도 합니다. 신문 기사는 교과서처럼 수준을 갖춘 잘 쓴 글이라 신문 기사 따라 쓰면 핵심을 간단명료하게 전달하는 논리적 사고를 배우고, 읽는 사람을 일리 있고 조리 있게 납득시키기 위해 글 쓰는 사람이 다양한 글감을 활용하는 방법을 배웁니다. 그런 점에서 신문 기사 역시 멘토 글입니다. 신문 기사를 따라 쓰며 출처를 밝히는 연습까지 잊지 않고 하게 해 주세요.

자기주도적 습관을 키우는 따라 쓰기

신문 기사 따라 쓰기도 교과서 문장, 글 따라 쓸 때와 마찬가지로 아이가 자기주도적인 습관을 들이도록 하는 것이 좋습니다. 아이가 따라 쓰기 할 글을 손수 고르고 소리 내어 읽고 일일이 따라 쓰고 원본과 대조하며 고쳐 쓰는 단계를 따르게 도와주세요.

　신문 기사 따라 쓰기는 일주일에 2~3편이 좋을 듯합니다. 매일 하면 기계적으로 베껴 쓰기 할 우려가 있으니까요. 연습할 주기 역시 아이와 상의하여 아이가 정하게 하는 것이 좋습니다.

손끝으로 여는 아이의 공부머리

저는 매일 아침, 엽서에 좋아하는 구절이나 시를 따라 써 인스타그램에 올립니다. 코로나19가 시작되던 2020년 이른 봄에 시작한 이 습관으로 부쩍 마음의 상태가 좋아졌습니다.

좋아하는 구절 두어 문장을 하얀 엽서에 펜으로 쓰는 동안 마음이 벅차오릅니다. 명상이 따로 없습니다. 매일 손으로 글씨를 쓰니 필체가 안정되고 다듬어졌습니다. 필체가 멋지다는 인사를 더욱 자주 들으니 기분이 좋습니다.

초등학교 과정에서도 일상인 서술형 평가에서도 글씨가 점수에 큰 몫을 합니다. 내용이 좋아도 글쓰기가 엉망이면 채점하기 어려우니 좋은 성적이 나올 리 없습니다. 글쓰기의 두려움을 없애고 무슨 글이든 척척 쓰는 힘을 기르기 위해 시작한 따라 쓰기 연습은 저절로 글씨를 잘 쓰게 하는 연습을 겸합니다.

손으로 일일이 멘토 문장, 멘토 글을 따라 쓰다 보면 사고력 감퇴를 막는다는 연구 결과도 있습니다. 손으로 글씨를 쓰면 두뇌를 골고루 사용하여 사고력 발달에 도움이 된다고도 합니다. 그런데 요즘에는 연필 대신 스마트폰을 손에 쥐면서 손글씨 쓰기가 줄어 아이들 사고력이 감퇴된다고 합니다.

교과서 내용을 따라 쓰는 것이 공부를 잘하게 만드는 숨은 비결이라고 말하는 연구도 참으로 많습니다. 요즘 우리 아이들은 말보다 스마트폰을 먼저 경험하고 거의 모든 콘텐츠를 디지털로 소비합니다. 그 결과 뇌 능력과 학습 능력이 떨어지는데, 쓰는 행위로 이를 해결할 수 있다는 것입니다.

하버드대학교 페리 칼라스(Perri Klass) 의대 교수는 아이들의 뇌는 종이에 글씨를 쓰며 자란다고 강조합니다. 손으로 글을 쓰는 자체가 공부이고 두뇌 발달 과정이라고 주장합니다.

아이들의 뇌는
손 글씨로 자란다

글쓰기 전문가인 미국 워싱턴주립대학교 버지니아 베르닝거(Virginia Berninger) 교수는 자신의 수업을 듣는 대학생 2,000명을 대상으로 실험을 했습니다. 손글씨 쓰기 실험으로, 노트북으로 필기한 학생과 노트에 손글씨를 써 가며 공부한 학생을 비교했습니다.

글씨를 쓰지 않은 학생은 학습 능력이 많이 떨어졌고, 주의력결핍 과잉행동장애 같은 학습 장애 발생 비율이 2배 이상 높아진다는 결과를 발표했습니다. 반면에 손글씨 쓰기는 집중력을 높여준다고 설명했습니다.

또 200여 명의 초등학생을 대상으로 한 실험에서는 주어진 주제로 10분 동안 에세이를 쓰게 하면서 각각 손글씨와 키보드를 사용하게 했습니다. 그랬더니 펜을 이용한 아이들이 더 빨리, 더 긴 분량의 에세이를 작성하는 것으로 나타났습니다.

베르닝거 교수는 키보드나 터치패드는 누르기만 하면 완성되지만 손글씨는 우리 뇌를 끊임없이 집중시키고 단어의 조합을 생각하게 만들고 손글씨로 쓰다 보면 단어 하나, 맞춤법 하나, 글자 크기까지 집중하게 만들어 집중력을 좋게 한다고 설명합니다. 내용을 손으로 쓰면서 집중하는 습관은 우리의 뇌를 발달시키는 가장 좋은 공부라고 덧붙였습니다.

플로리다국제대학교 아동교육학과 로라 다인하트(Laura Dinehart) 교수도 초등학생 3년 144명을 대상으로 조사했는데, 4살 무렵부터 손글씨를 꾸준히 써왔던 아이들이 그렇지 않은 아이보다 성적이 평균 30퍼센트 높았다고 합니다. 아이들이 차이를 보이는 이유는 손글씨 쓰기가 곧 생각을 배우는 과정이기 때문이라는 설명입니다. 결국 이런 결론에 도달합니다.

'아이들의 뇌는 종이에 글씨 쓰며 자란다.'

5장

끝까지 쓰는 힘은 어휘력에서 나온다

사람은 자라면서 머릿속에 언어의 옷장을 만든다.

- 데이비드 크리스털, 언어학자

매일 따라 쓰니 저절로 길러지는 어휘력

'광복절부터 임시 공휴일인 17일까지 사흘간 연휴'

이런 뉴스가 나오더니 곧이어 '휴가가 3일이냐, 4일이냐를 놓고 의견이 분분하다는 뉴스가 뒤를 이었습니다. 사흘의 '사'를 '四⑷'로 알아들은 사람이 많았기 때문이라는 분석이 또 뉴스가 되었습니다.

이틀은 2틀, 즉 2일인데 사흘은 4흘, 왜 4일이 아니냐고 주장하는 이 해프닝은 '사흘'이 '3일'이라는 뜻의 순우리말임을 모르는 데서 일어난 것이지요. '사흘'을 '4일'로 알아들은 사람들이 초등학생도 아닌 직장인이라는 사실도 뉴스감이었습니다. 뉴스 말미에는 이처럼 어휘가 부족한 직장인이 많아 소통에 적잖이 문제가 된다고 문제를 제기합니다.

단어를 알고 이해하는 능력, 즉 어휘력은 공부는 물론 일상에 골고루 영향을 미칩니다. 특히 많은 것을 배우며 자라는 초등학생 시기에 단어를 잘 모르면 교과서도 읽기 싫어지고 학습 의욕이 떨어져 일찌감치 공부와 담을 쌓는 일이 벌어집니다. 어휘력은 글을 잘 쓰는 데는 물론, 공부에도 결정적인 역할을 합니다.

어휘력이 잘 쓰는 아이를 만든다

어떤 글이든 제대로 읽고 이해하려면 글을 읽는 능력과 어휘에 대한 지식이 필요합니다. 어휘력이 풍부하면 척척 읽을 뿐만 아니라 새로운 어휘를 자연스럽게 배웁니다. 하지만 어휘력이 떨어지는 경우, 읽는 과정에서 모르는 단어에 가로막혀 의미를 파악하는데 실패하고 급기야 읽기가 싫어집니다.

글쓰기는 문장 쓰기가 전부이고 문장 쓰기는 하고 싶은 말을 정하고 그에 맞는 단어를 골라 규칙에 맞게 배열하는 것이 전부입니다. 이처럼 간단한 문장 쓰기에서 핵심은 단어 고르기, 적절하고 확실한 단어를 골라 하려는 말을 담는 것입니다. 이러한 능력을 어휘력이라고 하지요.

어휘력은 글을 읽고 이해하는 데 반드시 필요한 능력입니다. 어휘력이 부족하면 문장 쓰기가 어려워지고 문장 쓰기가 불편하면 글쓰기에 두려움이 생깁니다. 그래서 어휘력 향상을 돕는다는 참고서나 학습지가 많습니다. 하지만 어휘력을 기르는 공부나 연습을 별도로 추가하면 아이는 끝없는 글쓰기 공부에 반발할 수 있습니다.

미국에서 사회적·경제적 조건이 비슷한 고등학교 두 학급을 대상으로 어휘력을 비교하는 실험을 했습니다. 어느 학급은 정규 교과 과정만을 가르쳤고, 다른 학급은 정규 과정 외에 어휘 학습 과정을 추가하여 가르쳤습니다.

학년 말에 두 학급의 성적을 비교한 결과, 어휘 학습을 받은 학급이 그렇지 않은 학급에 비해 모든 과목에서 앞서갔음이 밝혀졌습니다. 전문가들은 어휘력 또한 언어 능력이므로 의도적으로 공부하면서 배우는 것이 아니라 많이 읽음으로써 자연스럽게 개발된다고 말합니다.

아이가 어휘력이 부족해서 걱정이신가요? 걱정 마세요. 교과서를 따라 쓰다 보면 모르는 단어가 생겨도 문장의 전후 맥락 속에서 단어 뜻을 짐작할 수 있습니다. 매일 따라 쓰다 보면 모르는 단어가 들어 있는 다른 문장을 따라 쓰며 다시 배우며 반복하게 됩니다. 어휘를 따로 공부하지 않아도 자연스레 단어를 익히고 해당 단어를 사용한 다양한 예문을 통해 활용하는 방법까지 배우게 된답니다.

성공하는 사람에게는 어휘력이 있다

　보스턴 인간공학 연구소의 존슨 오코너(Johnson Oconor) 박사는 사람들의 태도와 능력을 연구합니다. 기업의 사장 및 경영자에게 어휘력을 높이는 일이 비즈니스 세계에서 성공하는 데 유용하고, 중역 역할을 하는 데 중요하다고 생각하는지를 물어보았습니다. 응답자의 97퍼센트 이상이 양쪽 질문에 "그렇다"라고 대답했습니다.

　다른 연구 보고서를 보면 어휘력이 풍부한 사람이 더 높은 지위를 얻을 수 있다는 사실을 보여줍니다. 경영 간부가 되기 위해 공부하는 젊은 직장인 1만 명을 상대로 어휘 시험을 보았지요. 5년 뒤 어휘 성적의 상위 10퍼센트 안에 든 사람은 전원이 간부가 된 반면, 25퍼센트 이하의 사람은 단 한 사람도 간부가 되지 못했습니다. 연구 결과는 원하는 목표를 성취하려면 어휘력이라는 무기를 가져야 한다는 것을 알려줍니다.

다른 모든 중요한 능력처럼 적절하고 정확하게 어휘를 구사하는 어휘력 또한 초등학교 저학년이라는 골든타임을 사수해야 합니다. 아이들 입장에서 보면 학년이 올라갈수록 새로운 단어, 어려운 단어들이 거침없이 쏟아지기 때문에 일찌감치 어휘력으로 무장해야 단어에 휘둘러 독해며 문장력, 사고력에 지장받는 일을 막을 수 있습니다.

학교성적을 좌우하는
악당 단어

어느 중학교 교실입니다.

선생님들이 교과서에 나오는 단어에 대해 설명하느라 진도를 나갈 수 없습니다. 수업 시간에 배울 교과 내용에 관한 단어가 아니라 내용을 이해하는 데 필요한 단어 즉, '학습 도구어'를 모르는 학생이 태반입니다.

EBS에서 방영한 〈당신의 문해력〉 프로그램의 한 장면입니다. 결국, 선생님은 수업 시간에 교과 내용을 설명하기 전, 학습 도구어를 먼저 설명했고, 학생들은 선생님 설명을 잘 이해하고 수업에 흥미를 느꼈습니다. 학습 도구어가 공부에 얼마나 영향을 미치는지를 알게 하는 일화입니다.

일상적으로 사용하지 않아 뜻을 알기 어려운 학습 도구어를 모르면 교과서의 내용을 제대로 이해하기 어렵습니다.

예를 들어 교과서에 나오는 단어 중 분석, 분류, 구별, 구분은 '나누다'라는 말에서 나온 학습 도구어입니다. 크게 보면 하나의 의미지만 세부적으로 보면 전혀 다른 단어라 할 만큼 의미도 쓰임새도 다릅니다. 그렇기에 학습 도구어를 이해하지 못하면 학습 효과가 떨어질 수밖에 없습니다.

학습 도구어는 학년이 높아질수록 교과서에 더 많이 등장하기 때문에 초등학교 저학년 때는 모르고 지나는 학습 도구어가 많으면 읽거나 교과서를 이해하기가 점점 어려워집니다.

그렇다면 학습 도구어를 척척 이해하는 능력과 어휘력을 기르려면 어떻게 하면 될까요?

단어장으로
아이의
평생 무기 만들기

영화 번역가 이미도는 어떻게 하면 영어를 잘하느냐는 질문을 자주 받는다고 합니다. 이미도의 답변은 이렇습니다.

"미국 초등학생용 영영사전을 매일 한 페이지씩 베끼기를 1년, 동화책이든 에세이이든 영어 스토리 적어보기를 1년. 이 방법대로 2년만 투자하라."

이렇게 누구든 영어를 능숙하게 하는 비결은 따라 쓰기 연습이라고 이미도는 권합니다.

단어 사전으로
인생 무기 만들기

세계적인 언어학자 데이비드 크리스털(David Crystal)의 말을 들어 볼까요?

"사람은 자라면서 머릿속에 언어의 옷장을 만듭니다."

사람의 옷장에는 옷 대신 다양한 문장 스타일이 채워져야 한다고 강조하면서 말하고 쓰기도 옷 입기처럼 다양한 스타일을 많이 알고 익혀야 사회생활에 유익하다고 일러줍니다.

옷을 잘 입는 사람은 옷 방이 넘쳐나도록 많은 옷을 가지고 있습니다. 글을 잘 쓰는 사람은 머릿속 옷장에 단어와 문장이 차고 넘쳐야 합니다. 옷 잘 입는 사람이 옷이며 소품을 사들여 옷 방에 모으듯, 글 잘 쓰는 사람은 문장과 단어를 나름의 방법으로 수집하고 모읍니다.

옷장에 옷을 채우듯 아이에게 단어 옷장을 만들도록 도와주세요. 아이를 난처하게 만드는 학습 도구어 관련 어휘도 단어 옷장에 차곡차곡 쌓도록 도와주세요.

어휘력을 개발하려는 노력은 첫 문장 쓰기의 기초를 다지는 연습

만큼이나 중요합니다. 교과서를 따라 쓰며 모르는 단어가 나오면, 그때마다 사전을 찾아 단어 뜻을 이해하고 모르는 단어를 실제로 적절하게 사용하도록 노력한다면 아이의 어휘력은 눈부시게 발전합니다.

어휘력을 개발하기 쉽도록 '단어 사전 만들기' 방법을 소개합니다. 초등학교 3학년이면 '속담 사전 만들기' 수행 학습을 합니다. 속담 사전처럼 단어 사전을 만들어보자고 하면 아이가 바로 알아들을 테니 염려마세요.

따라 쓰기로 글쓰기 실력을 기르고, 어휘력을 기르는 한편 교과서 내용을 확실하게 이해하게 되니 1석 3조의 효과를 기대할 기특한 방법입니다.

단어 사전 만들기 방법

1) 단어장을 마련한다

단어장은 아이가 사용하는 공책도 좋고, 시중에 파는 영어 단어 카드처럼 낱장의 종이도 좋습니다. 이 책 부록에 단어장으로 활용하기 좋은 활동지를 첨부하였으니 참고하세요.

2) 단어를 단어장에 따로 모은다

교과서로 하루에 한 문장 쓰기로 따라 쓰기 연습을 하는 동안 모르는 단어나 생경한 표현을 만나면 따로 메모하게 합니다. 모르는 단어나 교과서에서 발견한 어려운 단어, 헷갈리는 단어, 표기법을 단어장에 옮겨 씁니다.

3) 설명을 쓴다

종이 사전이나 인터넷 사전을 찾아보며 설명을 그대로 따라 쓰게 합니다. 교과서를 따라 쓸 때처럼 소리 내어 읽기, 원본과 대조하기 규칙은 이번에도 적용됩니다.

4) 예문을 쓴다

해당 단어가 포함된 교과서 문장과 사전에서 말하는 예문을 따라 씁니다. 따라 쓸 때는 단어를 포함한 완전 문장을 씁니다. 그래야 해당 단어나 표기법이 어떻게 쓰이는지 빠르게 이해됩니다.

5) 단어 사전을 만든다

단어 카드가 차곡차곡 모이면 엮어서 사전으로 만들어 주세요. 표지도 아이가 장식하게 도와주세요.

따라 쓰기는 잘 쓴 글을 주의 깊게 읽으며 문장이 어떻게 일을 하여 글을 만드는지, 문장은 어떻게 구절이 되고 문단을 구성하는지를 배우는 연습입니다. 잘 쓴 글을 주의 깊게 읽는다는 것은 잘 쓴 글의 기본 단위인 문장을 수집하고 문장을 이루는 단어를 수집하는 과정입니다.

  아이가 따라 쓰는 동안 수집된 잘 쓰인 문장과 단어는 아이가 문장을 써야 하는 순간에 저절로 튀어나와 글을 만들 것입니다. 즉, 아이가 글을 척척 잘 쓴다는 것은 아이의 내면에 수집된 단어와 문장이 많아야 가능한 일입니다.

  단어 사전 만들기로 아이의 글쓰기 옷장을 풍성하게 만들어 주세요. 단어 사전이 두꺼워질수록 아이의 어휘력이 탄탄해집니다.

하버드 대학생처럼
어휘력 기르는
비법

뉴욕주립대학교 심미혜 교수는 십 수년간 캐나다, 미국에서 2,000명이 넘는 예비 선생님을 가르친 '선생님들의 선생님'입니다.

"아이들이 지금까지와는 전혀 다른 새로운 세상의 주인공으로 살아가게 하려면 창의적이고 융합적인 사고를 하게 해야 하고 이를 위해서는 초등학교 때부터 읽기 쓰기 말하기에 걸친 충실한 언어 활동을 해야 합니다."

심미혜 교수의 주장입니다. 창의적이고 융합적인 사고를 하려면 아이들이 우선은 많이 읽어야 하고 읽은 것을 바탕으로 토론하고 쓰면서 응용하는 활동을 많이 해야 한다고 강조합니다. 그는 구체적인 지침까지 전달합니다.

"읽고 쓰기를 반복하면서 자연스럽게 생각하는 법을 훈련할 기회를 마련해 주면 좋습니다. 매주 짧은 글을 한 편씩 써 보게 하는 식이지요. 가정에서는 여기까지만 해도 충분합니다."

매주 짧은 글을 한 편씩 쓰기, 가정에서는 그 정도면 최선이라고 심미혜 교수는 조언합니다. 그의 가르침에 영향 받은 미국 선생님들은 매일 수업 시작 전 학생들에게 15분가량 글을 쓰게 합니다.

짧은 글이라도 하루에 한 편씩

20년 넘도록 하버드대학교에서 글쓰기 프로그램을 이끌어온 하버드대학교 교육대학원 낸시 소머스(Nancy Sommers) 교수는 학생들의 글쓰기 실력을 배양하는데 그토록 매진하는 것은 지식인은 글쓰기로 완성되기 때문이며, 졸업 후 자기 분야에서 진정한 프로가 되려면 글쓰기 능력을 길러야 한다고 말합니다.

소머스 교수는 어릴 때부터 짧게라도 꾸준한 읽기와 쓰기를 한 학생이 대학교에서도 글을 잘 쓴다면서, 심미혜 교수와 동일한 조언을 합니다.

"짧은 글이라도 매일 쓰게 하세요."

교과서 따라 쓰기로 글쓰기 필요 조건인 '주의 깊게 읽기' 능력을 습득한 아이들에게 글쓰기 충분 조건인 '많이 자주 쓰기'를 5분, 10분이라도 매일 하게 함으로써 아이들은 진짜로 글을 잘 쓰게 됩니다. 어휘력 또한 매일 글을 쓰면서 기를 수 있습니다. 어휘력은 각각의 단어나 단어 구사법을 배우는 것으로는 길러지지 않기 때문입니다. 단지 글쓰기를 배우는 것이 아니라 재능의 단계로까지 발전시킬 수 있습니다.

재능을 연구하는 전문가 다니얼 코일(Daniel Coyle)도 당신과 당신의 아이를 응원합니다.

"우리의 뇌는 하루에 조금씩 자라기 때문에 10분일지라도 매일 조금씩 연습한다면 의도한 대로 성장하지만, 이따금 연습한다면 뇌는 매번 연습 내용을 따라잡는데 허덕거리게 돼요. 효과적이지 않습니다."

단어 바꿔 쓰며 문장력을 다지는 연습

지금까지 연습한 첫 문장 쓰기는 문장 읽기를 위한 것이었습니다. 문장 읽기는 문장 쓰기에 필수적으로 요구되는 것으로, 따라 쓰기라는 방법으로 교과서에 실린 문장을 예의주시하여 읽는 것만으로 교과서에 실린 문장처럼 제대로 문장을 쓸 수 있는 토대가 마련됩니다. 토대가 마련되면 아이는 슬슬 자신의 글쓰기를 욕심냅니다. 문장에 익숙해지면, '나도 이 정도는 쓸 수 있어'라는 자신감이 생기니까요.

지금까지가 문장을 잘 쓰기 위한 준비였다면 이제는 실제로 문장을 쓰면서 어떤 생각이든 문장으로 만드는 탄탄한 문장력을 기르는 연습을 해야 합니다.

잘 쓰인 문장을 그대로 따라 쓰는 연습도 단계별로 차근차근 했듯이 생각을 문장으로 만드는 연습도 차근차근 하세요. 따라 쓰기로 겨우 글쓰기와 친해졌는데 문장 쓰기를 한꺼번에 너무 욕심부리면 아이는 글쓰기가 두렵던 단계로 퇴행할 테니까요.

이제, 문장 쓰기 실제 연습을 소개합니다.

문장을 다시 쓰는 연습

따라 쓰기한 문장을 내가 고른 단어로 다시 표현하는 연습입니다. 문장 형식을 그대로 두고 단어를 갈아끼우는 것입니다.

이륙하는 비행기를 잡아타기 위해 수천 명의 아프가니스탄 사람들이 공항 활주로로 몰려와 공항이 아수라장으로 변했다
→ 출발하려는 비행기에 올라타기 위해 수천 명의 아프가니스탄 사람들이 공항활주로로 몰려들어 공항이 지옥으로 변했다.

문장 구조나 단어 배열 순서 등을 그대로 두고 단어나 문장부호, 토씨 등을 바꿈으로써 표현을 달리하는 것을 '다시 쓰기'라고 합니

다. 다시 쓰기는 멘토 문장의 패턴을 기억하고 그 위에 특정 단어에 해당하는 다른 표현을 궁리함으로써 문장 표현력, 어휘력 발달에 크게 도움이 됩니다.

문장을
바꿔 쓰는 연습

바꿔 쓰기는 따라 쓰기 한 문장을 내 식대로 바꿔 쓰는 연습을 말합니다. 문장이 전달하려는 의미를 파악하여 내 식대로 표현하는 방식입니다. 다시 쓰기에서 한 번 더 단계를 올렸다고 생각하면 됩니다.

이륙하는 비행기를 잡아타기 위해 수천 명의 아프가니스탄 사람들이 공항 활주로로 몰려와 공항이 아수라장으로 변했다
→ 아프가니스탄 공항에는 비행기를 타고 죽기 살기로 도망치려는 사람들로 지옥이 따로 없었다.

아이가 교과서에서 문장을 고르고 따라 쓰기 한 다음, 다시 쓰기, 바꿔 쓰기를 하게 합니다. 연습에서 주의해야 할 것은 다시 쓰기, 바꿔 쓰기를 하더라도 완전 문장을 써야 한다는 규칙은 지켜야 한다

는 사실입니다. 기본 규칙을 지키지 않는 문장 쓰기는 실제 문장을 쓰는 데 전혀 도움되지 않을뿐더러 연습하면 할수록 나쁜 습관이 듭니다.

문장 쓰기 규칙을 지키지 않으면 나쁜 문장을 말하는 비문(非文)을 쓰는 악습만 강화될 뿐입니다. 비문을 쓰는 악습은 하루하루 강화되어 아이가 대학교를 갈때나 사회생활을 할 때 두고두고 아이의 발목을 잡게 됩니다.

어휘력에서 문장력까지 막힘없는 7단계 지도법

　교과서 따라 쓰기 연습으로 첫 문장 쓰기에 자신감을 얻고, 글쓰기에 자신이 붙은 아이가 제 글쓰기를 욕심 내면 참 신통할 것 같습니다. 그런데, 의욕과 달리 막상 시작하려면 막막할지 모릅니다. 막막함에 자기 글쓰기 연습을 미루게 될지 모르고요.
　그리하여 의도적이고 효과적으로 연습하는 방법을 소개하려 합니다. 막힘없이 글을 쓰게 돕는, 간단하지만 효과 높은 방법입니다.

　이 방법은 쓸거리(글쓰기 주제)를 정하고 글의 첫 마디를 떠올리고 첫 마디에 맞춰 일리 있고, 조리 있게 내용을 전개하도록 돕습니다.

1) 쓸 거리 정하기

아이가 글로 쓰려는 내용이 무엇인지 생각하게 하세요.

2) 수집한 문장에서 고르기

아이가 그동안 수집한 멘토 문장 가운데서 내용에 맞게 쓴 것을 고르게 하세요.

3) 따라 쓰기

아이가 고른 문장을 다시 한 번 따라 쓰게 하세요.

4) 다시 쓰기 또는 바꿔 쓰기

단어나 표현을 갈아 끼워 아이의 문장으로 바꾸게 하세요.

여기까지 도달하면 아이가 쓰려는 주제에 맞춰 쓴 첫 문장이 탄생합니다.

5) 문장 늘리기

아이가 만든 첫 문장은 핵심 문장으로 이를 뒷받침하는 문장을 만들어 붙입니다. 이때 '5W1H도구'를 빌려 쓰면 뒷받침 문장을 만들기 수월합니다.

5W1H는 '누가(Who), 언제(When), 어디서(Where), 무엇을(What), 어떻

게(How), 왜(Why)'라는 여섯 가지 질문으로 뒷받침하는 내용을 끌어냅니다. 여섯 가지 질문에 하나하나 답을 씁니다.

6) 문장 연결하기

핵심 문장에 뒷받침 문장을 연결합니다. 핵심 문장 한 줄에 6개 질문당 한 줄씩만 써도 7줄이나 됩니다. 문장 1줄 당 20자로 계산하면 한번에 140자나 쓴 것입니다.

7) 고쳐 쓰기

핵심 문장과 뒷받침 문장을 이어 붙여 글이 완성되면 고쳐 쓰도록 도와주세요. 글을 소리 내어 읽으며 이상하거나 잘못 쓴 부분을 표시했다가 고쳐쓰도록 지도하세요.

아이는 초등학생 1학년에 '우리 가족 신문 만들기'에서 육하원칙에 대해 처음 배웁니다. 4학년에는 '내가 뉴스를 만든다면' 과정에서 신문 기사 만들기를 통해 육하원칙에 따라, 신문 기사 글쓰기를 배우지요. 이렇게 배운 육하원칙이라는 도구를 활용하여 실제로 글을 쓰면 아이는 독자 입장에서 알고 싶은 내용을 논리정연하게 쓰는 능력을 기를 수 있습니다.

<어휘력에서 문장력까지 막힘없는 7단계 지도법>

1. 쓸 거리 정하기
2. 수집한 문장에서 고르기
3. 따라 쓰기
4. 다시 쓰기 또는 바꿔 쓰기
5. 문장 늘리기
6. 문장 연결하기
7. 고쳐 쓰기

자기주도능력까지
길러주는
글쓰기 공부

교과서 따라 쓰기는 글쓰기를 배우지 않고도 첫 문장을 잘 쓰게 하는 마법같은 연습법이지요. 아이가 자신의 글쓰기를 욕심내면, 엄마는 때맞춰 한 번 더 글쓰기의 마법을 보여주세요. 이번에 소개할 마법은 '고쳐 쓰기'입니다.

교과서에 실린 모든 글은 글쓴이가 쓴 원문이 아닙니다. 글쓴이가 쓴 원글은 최고의 전문가들이 여러 차례에 수정하고 보완하여 최고의 수준으로 다듬어진 결과물입니다.

교과서 글뿐만 아니라 수준 있고 가치 있는 글은 모두 고쳐 쓰기를 통해 완성됩니다. 아이들이 쓴 글도 고쳐 쓰면 쓸수록 좋아집니다. 아이가 글을 쓰고 잘 썼는지 아닌지를 걱정하거나 잘 쓰지 못했다고 실망하면 엄마가 그렇지 않다고 토닥여 주세요. 세상에 못 쓴 글은 없다고, 고쳐 쓰지 않은 글만 있을 뿐이라고요.

고쳐 쓰기의 마법은 글밥 먹는 사람들만 아는 글쓰기 최고의 비결입니다. 글밥 먹는 사람이라도 쓰는 대로 훌륭한 문장을 만드는 것은 아닙니다. 그들도 처음에는 쓰레기나 다름없는 글을 쏟아냅니다. 글을 여러 차례 고쳐 쓰면서 완성도 높은 문장으로 다듬어 결과를 내지요.

주의 깊게 잘 읽는 능력을 기른 아이라면 제가 쓴 글도 주의 깊게 잘 읽을 수 있으니 걱정할 필요 없습니다. 자신이 쓴 글을 주의 깊게 읽으면 고쳐 쓸 부분을 발견하여 그것을 하나하나 수정하면 되니까요. 그러면 버려질 첫 글이 놀랍게 멋진 글로 바뀌는 것을 아이 스스로 목격합니다.

고쳐 쓰기의 마법에 눈 뜬 아이는 '글쓰기가 이렇게 쉬웠어?' 하고 자신만만해집니다.

한 단계 성장한 글쓰기 실력

코로나19로 아이들에게 자기주도적으로 공부하는 능력이 더 중요해졌습니다. 등교하는 날이 부쩍 줄면서 아이들의 수학 능력이 대폭 떨어지고, 그 원인으로 아이가 스스로 공부하는 능력이 부족하다고 주목받습니다. 혼자서 알아서 공부하지 못하는 이유로 꼽히는 것은 많지만, 무엇을 아는지 모르는지를 모르는 메타인지 능력을 갖추지 못해서라는 지적이 꽤 설득력이 있습니다. 이런 이유로 요즘 '출력공부'라는 방법이 유행이라고 합니다. 학교에서, 학원에서, 또 학습지로, 과외로 배운 내용을 생각하고 정리하여 표현하면서 내 것으로 만드는 방식의 공부를 말합니다.

배운 내용을 글로 쓰는 방법은 출력 공부의 최고봉입니다. 학교나 학원, 학습지로 하는 공부는 단지 읽고, 보고, 듣기만 하는 것이라 하루만 지나도 배운 내용의 5퍼센트만 기억할 수 있습니다. 반면 배운 것을 설명하면 90퍼센트나 기억하는데요. 배운 것을 글로 쓰면서 공부하면 더 오래 기억할 수 있습니다. 글쓰기는 시각, 청각, 촉각을 자극하는 방식의 공부니까요.

고쳐 쓰기의 마법은 출력 공부에도 유용하게 적용됩니다. 한번 배운 내용을 친구에게 알리는 편지로 써 볼까요?

1) 배운 내용을 글로 직접 써 본다.
2) 원본과 대조한다.
3) 고쳐 쓰기로 완성한다.

배운 것을 친구에게 전달하는 글로 쓰면 그 내용을 논리정연하게 구성하는 연습을 하게 됩니다. 이 과정이 뇌리에 저장되어 배운 것을 오래 기억하게도 되지요. 특히 처음 본 모르는 단어를 눈으로 스치고 마는 게 아니라 손으로 직접 써보기 때문에 그 단어가 어떤 맥락에서 사용되었는지를 이해하고 기억합니다. 어휘력이 저도 모르게 쑥쑥 자라지요.

이러한 과정이 공부에 매우 효과적인 것은 글로 쓰면서 무엇을 아는지 모르는지 바로 분별이 가능하고 단어 하나라도 제대로 알고 그 쓰임을 배우는 등 아는 것을 확실하게 모르는 것을 제대로 알아가는 메타인지 능력이 길러지기 때문입니다. 메타인지 능력은 자기 주도적으로 공부하는 능력의 필수 조건이고요.

6장

글 잘 쓰는 아이를 키우는 엄마의 비결

당신이 아무리 큰 부자일지라도
그래서 금은보화가 넘쳐날지라도 결코 나보다 부자가 될 수는 없어요.
내겐 책 읽어 주는 어머니가 있으니까요.

-스트릭랜드 길리언, 작가

인공지능도 못 따라오는 글쓰기 잘하는 아이

'많은 사람이 19세기의 마차 몰이꾼이 아닌, 말의 운명을 맞을 수 있다. 미차 몰이꾼은 택시 기사로 전환할 수 있었지만, 말은 점점 고용 시장에서 밀려나기 시작해 결국에는 완전히 퇴출됐다.'

역사학자 유발 하라리(Yuval Harari)가 쓴 책 《21세기를 위한 21가지 제언》에 나오는 구절입니다. 이대로 자라면 우리 아이는 말이 될까요? 마차 몰이꾼이 될까요? 학교에서는 아이들을 어떻게 키우고 있나요? 아마 말로 기르지 않을까 싶습니다. 마차 몰이꾼으로 키우는 일은 너무 힘드니까요. 그런데 내 귀한 아이가 자라 고용시장에서 밀려나도 괜찮을까요? 어떻게 해야 우리 아이를 마차 몰이꾼으로 키울 수 있을까요?

1987년생 과학자, 미디어 아티스트로 오늘날 일본에서 가장 혁신적인 인물로 꼽히는 일본의 지식인 오치아이 요이치(Yoichi Ochiai)가 있습니다.

그는 앞으로 영어 능력은 인공지능의 번역에 대체되므로 영어를 잘하려고 애쓰기보다 컴퓨터가 번역하기 좋도록 논리적으로 언어를 구사하여 인공지능에게 일을 시키는 능력을 갖추어야 할 것이라고 일갈했습니다. 인공지능과 함께 사는 앞으로의 세계에서는 자신의 생각을 명확히 전달하는 능력을 높이는 일이 훨씬 중요하다고 강조하고 또 강조했습니다.

상상해 보세요. 내 귀한 아이가 인공지능을 이기는 모습. 아직 초등학생을 둔 엄마가 아이를 위해 할 가장 급하고 중요한 일은 아이를 '마차 몰이꾼'으로 키우는 일입니다. 마차 몰이꾼이 갖춰야 할 필살기는 생각하고 표현하는 능력을 기르는 것입니다. 초등학교 때 기른 국어력이 아이의 평생을 좌우하여 인공지능을 다스리며 살 수 있게 합니다.

서술형 평가라는 불이 발등에 떨어져 고민인 엄마도 있고, 글쓰기 중심의 수행평가 때문에 아이와 씨름하는 엄마도 있고, 교과서를 읽지 못하는 아이 때문에 속이 타는 엄마도 있겠지요. 비싼 사교육으로 해결하려고도 하겠지만 금세 해결될 문제가 아니어서 더 속상하죠. 아무튼 글쓰기 능력이 내 아이의 미래에 발목을 잡을 수도 있다는 사실을 생각해 보세요.

교과서 못 읽는 아이, 인공지능 못 넘는 아이

요즘 교과서를 잘 읽지 못하는 아이들이 점점 많아진다고 합니다. 일선 선생님들의 하소연입니다.

"요즘 아이들은 말을 굉장히 잘하는데 읽는 것이나 쓰는 것은 매우 못해요."
"책 내용을 아예 잘못 이해하는 학생이 10명 중 2~3명이에요."
"읽기에 큰 문제가 없는 학생이라도 쓰기를 아예 못 하는 경우도 많아요."
"손으로 글쓰기를 아예 못 하는 학생도 많아요."

이같은 현상에 대해 전문가들은 스마트폰과 소셜미디어의 짧은 문장에 익숙해지면서 읽기 능력이 약해졌기 때문으로 파악합니다. 아울러 디지털 매체든 아니든 읽기에 서툰 아이는 사고력 저하도 생길 수 있다는 것이 진짜 문제라고 지적합니다.

미래 핵심 역량은
독해력, 문해력

일본 최고의 인공지능 전문가인 아라이 노리코 교수는 인공지능 수험생을 만들어 도쿄대학교에 입시를 치르게 합니다.

인공지능 수험생은 네 번이나 응시했지만 도쿄대학교 입학에 실패합니다. 원인은 놀랍게도 독해력 부족이었습니다.

인공지능은 글자를 읽지만 의미를 이해하지 못하기 때문에 도쿄대학교 입학 시험이 요구한 기준을 넘어설 수 없다고 분석하지요.

노리코 교수는 후속 연구에서 디지털 시대 학교 교육에서 가장 중요한 목표는 중학교를 졸업하기 전에 교과서를 읽고 이해하도록 만드는 것이라며 독해력의 중요성을 강조합니다.

텍스트의 의미를 깊이 이해하고 타인과 소통하며 새로운 지식을 만드는 역량 없이는 어떤 공부도 불가능하다고 역설합니다. 그는 오늘날의 공부력 격차는 유명한 대학교를 졸업했는지가 아니라 교과서를 이해할 수 있는지에서 시작된다고 말합니다.

초등 영어나 코딩 역시 독해력이 없이는 어렵습니다. 노리코 교수는 아이가 중학교를 졸업하기 전에 모든 교과서 과목을 읽을 수 있고 내용을 머릿속에 떠올리도록 가르쳐야 한다고 목소리를 높입니다.

생각해 보면 교과서 문장조차 이해하지 못하는 아이가 어떻게 상대의 의견을 정확하게 이해하거나 추론할 수 있을까요? 어떻게 자신의 생각을 논리적으로 설명하고, 선생님이 바로 이해하는 답글을 일리 있고 조리 있게 쓸 수 있을까요?

무엇보다 독해력은 문제 해결의 시작입니다. 단순히 글을 기계적으로 읽고 끝나지 않고, 글의 핵심을 파악하고 아이 스스로 핵심 내용을 문장으로 정리할 수 있어야 합니다. 그래야 제대로 읽고 이해했는지 확인이 가능하니까요. 이런 능력을 문해력이라 하지요.

문해력을 갖춰야 아이가 읽은 것을 아는지 모르는지 분별이 가능합니다. 같은 학교에서 같은 선생님에게 같은 과목을 배워도 아이의 성적의 차이가 나는 이유가 바로 문해력에 있습니다.

서술형 평가, 글쓰기 중심의 수행평가, 선생님의 질문에 똑부러지게 말하는 아이, 성적을 잘 받는 아이는 결국 문해력까지 뛰어나게 될 수밖에 없지요.

문해력까지 잡는 글쓰기 비결은 엄마에게 있다

EBS 프로그램 〈당신의 문해력〉이 많은 엄마들의 관심을 모았습니다.

저는 2010년에 문해력을 다룬 책 《이미 읽고 생각하고 쓰다》를 출간하여 오랫동안 큰 호응을 얻었습니다. 이 책에서 문해력의 영어 표현인 '리터러시'란 말에 지능을 더해 '리터러시 지능', LQ(Literacy intelligence Quotient) 즉, 읽고 쓰는 역량 지수를 말하는 개념을 소개했지요.

이후 글쓰기 강연이나 수업, 코칭에서 글을 잘 쓰려면 리터러시

지능을 높여야 한다고 목놓아 부르짖습니다.

리터러시 지능, 즉 문해력은 '잘 읽고, 잘 쓸 수 있는 능력'을 의미합니다. 잘 읽고 잘 쓰려면 잘 생각해야 하고 잘 생각하려면 잘 읽어야 하고 잘 생각한 것은 글로써 표현하고 전달할 수 있어야 합니다. 리터러시 지능은 글쓰기를 연습하면 자연히 높아집니다.

문해력까지 키우는 글쓰기

문해력은 읽고 쓰기의 영역에 국한되지 않고 원하는 목표에 결정적 영향을 미칩니다. 우리는 이 책에서 초등 아이가 글쓰기의 두려움을 없애고 첫 문장부터 척척 잘 쓰게 하는 방법을 교과서 따라 쓰기로 연습하는 법에 대해 이야기를 나누었습니다.

이 책에서 제시한 교과서 따라 쓰기는 첫 문장 쓰기를 쉽게 하는 연습이자 결국에는 문해력까지 기르는 가장 쉽고 확실한 방법입니다. 이번 장에서는 우리 아이의 글쓰기 실력과 더불어 문해력까지 탁월해지는 방법에 대해 알아봅니다.

문해력은 자기주도 공부의 가장 중요한 조건입니다. 자기주도 공부는 무엇을 아는지 모르는지 파악하고 대비하는 메타인지 능력이 필수이고 이를 좌우하는 것이 문해력입니다. 아이 공부에 관심이 많은 엄마들은 아이의 문해력을 길러주기 위해 코치 역할을 맡습니다. 문해력은 학교나 사교육에서 감당할 수 없으니까요. 내 아이에게 관심이 가장 많고, 많은 시간을 보내는 엄마만이 문해력 코치로 적임자지요. 그렇다고 대단한 뭔가를 해야 하는 것은 아닙니다.

거듭 강조하지만 문해력을 기르는 데는 글쓰기 연습 만한 방법이 없습니다. 글쓰기는 읽고 생각하고 말하기를 포괄하니까요. 교과서 따라 쓰기로 첫 문장을 잡고 아이가 글쓰기와 친해진다면, 나아가 글을 잘 쓰고 싶은 욕심을 갖게 한다면, 초등학교 졸업하기 전 아이의 문해력의 기초는 탄탄하게 다져질 것입니다. 그러면 공부도 미래도 아이가 원하고 엄마가 바라는 대로 열어갈 수 있습니다.

첫 문장 잡는 비결 1.
가르치지 않아야 합니다

작가, 카피라이터, 기자 등이 모인 모임에서 벌어진 일입니다. 서로 자녀교육에 대해 이야기를 나누다 공통점을 확인했습니다. 엄마가 혹은 아빠가 글밥을 먹는 글쓰기 전문가이다 보니 아이 글쓰기에 자연스럽게 개입하게 되더랍니다. 일기며 독후감, 쓰기 숙제를 봐 주고, 글쓰기 대회 출전 작품을 손보거나 대신 쓰기도 했다지요.

그 결과 하나같이 아이가 글쓰기를 싫어한다고 합니다. 심지어 글을 잘 쓰지도 못한다고 합니다. 글 잘 쓰는 엄마나 아빠에게 혼날까 봐 주눅만 잔뜩 들고 그러니 글쓰기에 재미를 붙일리 없는 악순환을 겪는다고 했습니다. 아이의 글쓰기를 도와주려 시작한 일이

종국에는 아이와 부모간 사이를 나빠지게 하는 결과만 낳았다고 아쉬워했습니다.

읽기 육아 전문가인 멤 폭스(Mem Fox) 여사가 한 말을 미리 알았다면 좋았을 것을요.

'부모가 아이에게 읽고 쓰는 법을 가르쳐선 안 된다. 가르치는 것은 학교에서 이뤄져야 한다. 가르쳐야 한다고 생각하면 긴장하고 불안을 느껴 아이에게 이로운 영향보다는 해로운 영향을 미치기 때문이다.'

폭스 여사는 읽고 쓰는 능력을 배우는 일은 아이가 걷고 달리고 공을 차는 것처럼 적절한 시기에 저절로 생기지 않기 때문에 부모가 반드시 옆에서 도와주어야만 한다고 강조합니다. 아이가 읽고 쓰는 능력에 대한 기대만큼은 절대 낮추면 안 되기에 아이의 읽고 쓰는 능력 계발에는 부모의 역할이 대단히 중요하다는 것이지요.

'아이가 읽고 쓰는 능력을 갖추려면 주위의 많은 도움이 필요하다. 읽기 쓰기를 배우는 데 실패하는 아이들은 다른 여러 측면에서도 실패한다. 학교에서 무시당하고 자존감이 낮아지고 직장을 구하기도 어렵다. 사람들과 대화하는데 불안을 느끼고 우울증을 겪으며

자신을 제대로 표현하지도 못한다.'

엄마의 무관심이
글쓰기 싫어하는 아이를 만든다

읽고 쓰는 능력은 중요하기에 엄마들은 학교 공부에 이어 학원에 학습지에 과외까지, 수단과 방법을 가리지 않고 가르치려 합니다. 하지만 그러지 마세요.

저는 명색이 글쓰기 선생이지만 내 아이에게 글쓰기를 가르친 일이 단 한 번도 없습니다. 아이는 알아서 글쓰기를 배웠고 나는 그저, 지나가는 말로, "글 잘 쓰는 사람은 이렇게 한단다"라고 말했습니다. 사실 아이가 초등학생일 때는 데리고 앉아 글쓰기를 지도할 만큼 마음의 여유도 없기도 했습니다.

그러다 보니 아이는 글쓰기를 싫어하지 않습니다. 엄마의 무관심이 두고두고 미안했는데, 적어도 글쓰기를 두려워하지는 않으니 외려 다행입니다.

아이에게 글쓰기를 가르치지 마세요. 훌륭한 글쓰기 코치는 아이 스스로 하도록 옆에서 거들기만 할 뿐이랍니다.

첫 문장 잡는 비결 2.
하버드 대학생 엄마 말투 흉내 내 보세요

"다 괜찮을 거야."

아이가 중요한 시험을 앞두고 있을 때나 크고 작은 실패를 경험했을 때, 하버드 대학생의 부모는 주문처럼 이 말을 아이에게 건넨다고 합니다. 이 말 한 마디는 아이에게 자신감을 갖게 했음은 물론이고, 다시 한 번 자신을 믿고 도약할 수 있는 힘을 실어주었다지요. 놀랍지 않나요? 겨우 말 한 마디에 아이가 자존감을 지키고 자신감을 키워나갈 수 있다니요.

아이가 쓴 글을 보면 울화통부터 치민다는 엄마들이 많습니다. 엄마 자신도 글을 잘 쓰지 못해 아쉬우므로, 아이가 엉망으로 쓴 글을 보면 화가 나고 아이를 혼내게 된다고 합니다. 아이는 '글쓰기'라는 단어만 들어도 손가락이 오그라들고 뇌가 쪼그라들지요. 화내지 말고 하버드 대학생 엄마들처럼 말해 보세요.

"다 괜찮을 거야."

'글 못써도 괜찮아, 이제부터 연습할 거니까, 이제부터 잘 쓰게 될 거야, 괜찮아'라고 말해 보세요.

"금쪽같은 내 아이가 글을 너무 못써 속상해요."

만일 이런 내용으로 상담을 요청하는 부모에게 저는 이렇게 답해 줄 겁니다.

"아이와 관련하여 너무 비장하지 않아도 된답니다. 아이는 어리고 쇠털같이 많은 날들이 있으니 오늘 못 가르치면 내일 가르치면 되니까요."

아이가 쓴 글에 대해 고쳐 주기보다 글쓰기는 원래 처음에는 엉망인 것처럼 보이도록 글을 쓰고 그것을 여러 차례 고쳐 쓰며 좋은 글로 만들어 간다는 것을 아이에게 가르쳐 주세요. 아이가 늘상 접하는 교과서, 참고서의 글도 고쳐 쓰기 한 결과물이라는 사실을 알려 주세요.

야단치지 않고
다독여주는 엄마

첫 문장을 쉽게 쓰려면 교과서의 문장을 그대로 따라 쓰는 연습부터 시키세요. 쉬운 방법이지만, 아직 아이에게는 쉽지 않을 수 있습니다. 교과서를 그대로 따라 쓰는 것조차 못한다고 해도 아이를 야단치지 마세요. 왜 제대로 못하느냐고 혼내지 마세요. 대신 괜찮다고 괜찮다고 말해 주세요.

"쉽지 않지? 괜찮아. 그래서 마지막 단계가 필요한 거야. 원문과 대조하다 보면 틀리게 쓴 데가 나올 거야. 괜찮아. 그 부분을 다시 한 번 써보자. 그러면 더 잘 기억될 거야. 잘 못 쓰면 어때? 고쳐 쓰면 되지? 괜찮아."

대신, 아이에게 못 써도 괜찮다고 다독일 때, "엄마도 못 썼어. 그래도 잘살고 있잖아"라는 식으로 너무 앞서지는 마세요. 그러면 아이가 저도 모르게 글쓰기를 무시하게 된다고 하니까요.

첫 문장 잡는 비결 3.
아이를 행동하게 만드는 말을 쓰세요

로랑 콩발베르(Laurent Comballbert)는 세계적인 협상 전문가입니다. 미 연방수사국 국립하원에서 전문 협상가 과정을 마치고, 15년 동안 프랑스 경찰 특공대의 전문 협상가로 활약하면서 수많은 범죄자와 테러범, 콜롬비아 혁명군, 러시아 마피아 등과 숨막히는 협상을 진행하여 성공했지요.

이런 무시무시한 경력에도 불구하고 그의 가장 어려운 협상 상대는 사춘기에 접어든 자신의 아이들이었다고 합니다. 콩발베르는 사춘기 자녀와도 각자 불만은 최소화하고 이해와 만족을 최대화할 수 있는 협상의 비결을 알게 되었다고 하지요. 아이들을 대상으로 협상하는 어려운 일을 경험하며 아이와 싸우지 않고 이기는 비법을 엮어 책으로 공유합니다.

　세계 최고의 협상가의 비결을 토대로 여기에도 자발적으로 참여하게 만드는 엄마의 말투를 소개합니다. 단어의 위치를 바꾸거나 주요 단어 반복하기와 같이 어렵지 않고 간단한 것이니 바로 따라 해 보세요.

말투 비결 1. 의도한 것을 맨 먼저 말하기

　아이들은 맨 먼저 듣는 말에 가장 많이 영향 받습니다. 아이에게 원하는 것이 있다면 가장 먼저 그것을 말하세요.

　"교과서 문장을 따라 쓰면서 틀리더라도 걱정하지마. 괜찮아, 다시 잘 보고 고쳐 쓰면 되거든."

　이 말에서 엄마가 의도한 것은 '괜찮아'라는 메시지를 아이에게 전하고 싶은 것입니다. 그렇다면 그 단어를 맨 앞에 쓰세요.

　"괜찮아, 걱정하지 마. 교과서 문장을 따라 쓰면서 틀리더라도 다시 잘 보고 고쳐 쓰면 되거든."

말투 비결 2. 기대하는 것에 집중하기

하나의 단어나 표현이 말하고자 하는 내용 전체에 긍정적이든 부정적이든 인상을 남기곤 합니다. 기왕이면 아이가 긍정적으로 느끼도록 말하세요.

"나는 네가 교과서 따라 쓸 시간을 정할 때, 자기 전에는 하지 않으면 좋겠어. 그러면 잠자는 시간이 늦어지고 아침마다 피곤할 테니까."

이렇게 말하면 아이는 '엄마가 나를 늦잠꾸러기라고 생각하나 봐'라고 의도와 다르게 오해나 의심으로 반응합니다. 아이는 '아뇨, 안 피곤해요'라고 대답할 테지요. 이렇게 말하면 어떨까요?

"나는 오늘 저녁에 네가 텔레비전을 보지 않으면 좋겠어. 네가 일찍 잠들면 너는 아침에 컨디션이 좋을 것이고 낮에 학교에서도 공부에 더 집중할 수 있을 거야."

일찍 잠자리에 들 때 어떤 점이 좋은지를 구체적으로 표현함으로써 아이가 자기 전 시간대를 피해 글쓰기 연습을 하게 한다는 의도를 달성하게 됩니다. 첫 번째 글에서 사용한 단어는 늦게 자다, 피곤하다와 같은 부정적인 뉘앙스를 전하지만 두 번째 글에서 사용한 컨디션 좋다, 낮에 공부에 집중한다처럼 선택한 단어에 의해 생기는 후광효과는 이렇게 다릅니다.

말투 비결 3. 원하는 것을 선택하게 하기

사람은 문장을 마무리하는 단어를 더 쉽게 기억하는 경향이 있습니다. 문장 끝에 위치한 단어는 메시지를 더 강조하고 의도한 결과를 끌어내는 데 강한 힘을 발휘하지요.

"나는 네가 교과서를 따라 쓸 연습 시간을 정했으면 좋겠어. 네가 선택해. 아침에 학교 가기 전에 할래? 학교 다녀와서 바로 할래?"

이렇게 말하면 아이가 선택하게 하기보다 선택지에 힘이 더 실립니다.

"나는 네가 교과서를 따라 쓸 연습 시간을 정했으면 좋겠어. 아침에 학교 가기 전에 할래? 학교 다녀와서 바로 할래? 네가 선택해."

이렇게 말하면 중요한 것은 선택지가 아니라 아이가 선택할 수 있다는 것임을 강조하게 됩니다. 어느 것을 선택하든 아이는 스스로 선택한 것이라 여기게 됩니다.

말투 비결 4. 반복으로 초강수 효과 만들기

단어나 구절을 반복하여 말함으로써 강조하는 효과를 봅니다.

"교과서를 따라 쓸 때 소리 내어 읽어야 글쓰기 연습 효과가 좋아지지. 한 문장 따라 쓸 때 소리 내어 읽으면 연습 효과가 좋아지지. 교과서 글 한 편 따라 쓰기 할때도 소리 내어 읽으면 연습 효과가 좋아지지."

여러 번 반복하여 말함으로써 소리 내어 읽으라는 내용을 강조합니다.

말투 비결 5. 긍정에 집중하기

엄마가 아이에게 뭔가를 요구할 때, 긍정적인 표현을 하면 긍정적인 결과를 가져옵니다. 이때, 바람직한 행동을 끌어내는 표현을 써야 합니다.

"글씨 좀 흐릿하게 쓰지 마."

이렇게 말하면 글씨를 흐릿하게 쓰지 말라는 요구지만 정작 아이는 글씨를 흐릿하게 쓰는 자신의 모습을 우선 상상합니다.

"글씨는 또렷하게 쓰도록 해."

이렇게 말하면 아이는 글씨를 또렷하게 쓰는 자신의 모습을 상상합니다. 실제로 글씨를 또렷하게 쓰려고 노력합니다.

글쓰기 잘하는 아이로 키우는 결정적 말투

말로는 산을 움직일 수 없지만 말 한 마디로 매를 벌고 빚을 갚고, 생각보다 영향력이 큽니다. 특히 아이는 엄마의 말로 크는 것 같습니다.

이번에는 아이의 자존감을 키워주어 글쓰기도 잘하게 만드는 엄마들이 주로 쓰는 말투를 소개합니다.

김수현 작가가 쓴 드라마에는 이런 대사가 기본입니다.

"오늘 선생님을 만나야 해."

흔히는 "오늘 선생님을 만나야 돼"라고 말잖아요? 김수현 작가는 "만나야 해"라고 씁니다.

전문가들은 말끝을 어떻게 표현하느냐가 행위의 주도권을 좌우한다고 합니다. 소비자행동연구가 바네사 패트릭(Vanessa Patrick) 연구진이 실험해 보았습니다.

"운동을 빼먹으면 안 돼."
"난 운동을 안 빼먹어."

두 문장 중 하나를 선택하게 한 다음 운동 진행 상황을 살폈습니다. 그랬더니 운동 지속 비율이 이렇게 달랐습니다.

'운동을 빼먹으면 안 돼': 10퍼센트
'난 운동을 안 빼먹어': 80퍼센트

연구진은 자신이 외부의 힘에 사로 잡혀 어쩔 수 없다고 느끼게 되는 언어보다 자신에게 권한이 있다고 느끼게 하는 언어가 훨씬 효과적이라고 밝혔습니다. 자, 우리 엄마들도 이렇게 해 보세요.

"매일 한 줄 따라 쓰기 해야 돼."

"교과서 따라 쓰기 연습 미루면 안 돼."

이렇게 표현하면 상황에 대한 주도권을 외부에 넘기는 것이 됩니다. 이런 말을 들으면 아이는 하고 싶은 것을 강제로 못하게 되는 느낌을 갖지요. 하지 말라면 더 하고 싶어지는 것이 인지상정. 이렇게 표현하는 것이 좋겠습니다.

"교과서 따라 쓰기 연습 미루지 않아야 해."
"매일 한 줄 따라 쓰기 해야 해."

첫 문장 잡는 비결 4.
아이의 말과 글을 존중하세요

쿠엔틴 타란티노(Quentin Tarantino) 감독은 〈펄프 픽션〉, 〈저수지의 개들〉 등 역작을 연출한 할리우드 명장입니다. 그가 어느 팟캐스트에 출연하여 말했습니다.

"어린 시절 내 글을 비난한 엄마에게 돈 한 푼도 안 준다."

그의 엄마는 어린 시절 아들의 글쓰기를 두고 험한 소리를 자주 했던 모양입니다. 어린 마음에 얼마나 상처를 입었으면 당시에 벌써 '내가 성공하면 엄마에게 돈을 주지 않겠다'라고 맹세했고, 성공하여 돈을 많이 벌자 자신의 맹세를 지켰다는 건데요. 쿠엔틴 타란티노의 이야기에서 생각할 거리가 있네요. 아이들이 쓴 글을 존중해 주세요.

제 살림을 차려 독립한 아들은 이따금씩 집에 오면 수다스럽기 짝이 없습니다. 아들이 좋아하는 고기를 구워 차린 밥상에 앉으면 한껏 기분이 좋아져 그동안에 있었던 이야기를 털어놓습니다. 제 생각을 꺼내놓고 자랑도 늘어놓고 불만을 지르고 불평도 거침이 없습니다.
 아들은 중학교 때부터 이런 습관이 들었습니다. 밥 반, 말 반. 바쁘기도 한 아들의 입은 밥을 다 먹어도 닫히지 않습니다. 아들의 이야기를 듣는 재미에 설거지는 뒷전이었지요.
 말을 마친 아들은 말하기 전보다 훨씬 똑똑해진 듯합니다. 특히 아들이 말할 때 추임새를 곁들이며 들으면 아들은 자신의 말에 귀 기울이는 엄마를 보며 자존감과 자신감이 쑥쑥 자랐습니다. 자신의 말과 글이 존중받는 것을 실감하니까요. 이런 느낌을 받으면 아이는 말과 글을 더 잘 하려 애쓸 것이 분명합니다.

성적 상위권의 공부 잘하는 아이들의 특성이 '아는 것을 잘 설명하는 능력'이라고 합니다. 이제부터 공부도 문해력도 글쓰기도 다 잘하게 하려면 아이의 말과 글을 성의껏 대해 주세요.

아이가 숙제로 독후감이나 일기를 쓰면 반려동물에게 읽어 주게 하세요. 반려동물은 홈스쿨 프로그램에서 필수라고 할 정도로 의외로 큰 역할을 합니다.

아이가 자신의 글을 읽으면 개나 고양이는 열심히 들어줍니다. 잘했는지 못했는지 판단하지 않고 사랑스러운 표정으로 듣습니다. 이런 시간이 반복되면 아이는 자신의 글이 존중받는 느낌을 갖습니다. 글을 쓸 때마다 충실한 독자인 개와 고양이를 생각하며 더 충실한 글을 쓰게 되겠지요.

아이가 한 말을 귀기울이는 습관

저에게는 샛노랑 표지의 노트가 한 권 있습니다. 아들이 4살에 방언에 가까운 말을 쏟아냈는데 그 말이 하도 신기하여 일일이 써놓은 것입니다.

'하늘이 불을 켰나 봐.'
'내 배가 엄마 회사 가지 말라고 아파.'

아들이 초등학교에 들어간 다음 노트를 보여 주었더니 어찌나 우쭐대든지요. 그후로도 아들이 신통방통한 말을 하면 메모했다가 다른 사람들에게 자랑했습니다. 자랑은 아들이 듣게끔 일부러 크게 했습니다. 아들은 자신이 한 말을 엄마가 받아 적어 다른 식구들에게 읽어 줄 정도로 진지하게 받아들일 줄은 예상 못했을테지요.

이런 경험이 아이의 자부심을 키워줍니다. 아이의 특별한 말을 남에게 자랑할 때는 이렇게 하세요.

1) 아이의 말에 귀를 기울입니다.
2) 메모합니다.
3) 메모를 가족 등에게 보이며 자랑합니다.
4) 메모를 잘 보이는데 모아 두어 아이가 보게 합니다.

첫 문장 잡는 비결 5.
잔소리 말고 아이와 협상하세요

　뇌과학자인 시노하라 기코누리에 따르면 아이가 공부를 잘하는 비결은 '공부에 관련된 행동과 쾌감을 어떻게 연결하느냐'에 달렸다고 합니다. 공부한다는 행동이 쾌감으로 연결되면 의욕을 일으키는 호르몬인 도파민 신경계가 활발히 움직이면서 행동 자체에 빠져들게 된다지요. 다시 말해 '공부는 좋은 느낌'이라고 생각하고 느끼게 되면 공부를 하지 말래도 기를 쓰고 한다는 것인데요.

　글쓰기 연습도 좋은 느낌을 연상하게 하는 것이 우선입니다. 얼핏 채찍이 아니라 당근을 주라는 말처럼 들리지만 엄연히 다릅니다. 당근은 사전에 보상이 있음을 아이에게 알리는 것이고, 좋은 느낌을 주는 것은 아이가 생각지도 못한 상태에서 보상을 받는 것입니다.

아이가 그날치 따라 쓰기 연습을 하면, 아이가 하고 싶어하는 것을 하게 두세요. 아이는 자신도 모르게 '따라 쓰기 연습을 하면 좋은 일이 생기네!' 하고 생각하게 됩니다. 이렇게 뇌리에 각인되면 아이 스스로 따라 쓰기 연습을 평생 하게 됩니다.

잔소리 말고 아이와 협상하라

잔소리하지 않고 교과서를 따라 쓰게 하는 비결은 아이와 협상하는 것입니다. 협상에서 가장 중요한 것은 아이에게 모든 것을 위임하여 아이 스스로 연습에 관한 규칙을 정하여 하게 하는 것입니다.

연습 시간도 하루 중 언제 교과서를 따라 쓸 것인지 아이가 정하게 합니다. 학교 가기 전, 학교 자습시간, 학교에서 돌아와 바로 하거나, 자기 전에 하거나 등등 언제든 아이가 바라는 대로 하는 것이 원칙입니다. 이때 '학교에서 돌아와 간식을 먹은 후 바로'라는 식으로 구체적인 규칙이 좋습니다.

아이가 스스로 정한 시간에 교과서를 따라 쓰는 연습을 하면 그날치 미션을 완수했음을 체크하게 하세요. 1개월 30일짜리 표를 만들어 하루하루 미션 완수 표시를 합니다. 체크 표시가 많아지면 귀찮아도 아이가 계속하는 효과가 발생합니다.

체크 표시는 매우 간단한 방법이지만 그 효과만큼은 강력하니 꼭 따라해 보세요. '참 잘했어요' 고무인을 만들어 찍거나 체크표에 쏙 들어가는 하트 모양의 스티커를 붙이는 것도 좋습니다.

첫 문장 잡는 비결 6.
일상에서 자연스럽게 가르치세요

영화 〈흐르는 강물처럼〉은 원작자인 노먼 매클린(Norman Maclean)의 실제 이야기를 다뤘습니다. 영화는 목사 아버지가 두 아들에게 글쓰기 교육을 하는 장면으로 시작합니다. 아들들은 매일 글쓰기 과제를 마쳐야 놀 수 있습니다. 아버지는 아들들이 글을 써 오면 반으로 줄이라고 합니다.

"반으로 줄여라."

장황한 말치고 알맹이가 없고, 간결한 글치고 헛소리가 없습니다. 글을 반씩, 반씩 줄이다 보면 결국 핵심만 남게 되지요. 아들들이 반으로, 반으로, 또 반으로 줄여 오면 이윽고 아버지는 이렇게 말합니다.

"잘했다. 이제 찢어 버려라."

아들들은 뒤도 돌아보지 않고 놀기 위해 뛰쳐나갑니다.

쉽게, 자연스럽게
물 흐르듯이

칼 세이건(Carl Sagan)은 미국 천문학자로 세계적 베스트셀러 《코스모스》를 썼습니다. 그의 딸 사샤 세이건(SaSha Sagan)은 《우리, 이토록 작은 존재들을 위하여》라는 에세이집에서 일찍이 고인이 된 아버지를 회상합니다.

"아주 복잡한 개념까지도 설명해 주려고 애썼고 무시하는 태도 없이 다정한 존중심을 보여줬다. 작은 아이의 몸 안에 갇힌 교수처럼 대했다."

세이건은 부모님이 아니었다면 자신의 삶의 어떤 것도 가능하지 않았을 것이라고 고백합니다. 사랑과 지혜, 관대함과 믿음 덕분에 지금의 자신이 될 수 있었다면서 자신의 첫 책은 부모님에게 바치는 찬사이자 러브 레터라고 말합니다.

이들은 가장 가까운 사람인 아버지, 어머니, 선생님께 읽고 생각하고 쓰기를 배웠습니다. 글쓰기를 공부가 아닌 일상의 한 부분으로 생각했지요.

우리 아이도 글쓰기를 어린 시절 생활의 일부분으로 접하고 익힌다면 글쓰기 잘하는 어른으로 성장할 수 있겠지요. 어릴 때부터 교과서 따라 쓰기로 글쓰기를 친숙하게 하고, 글쓰기에 대한 두려움을 극복해야 하는 이유입니다.

문장 따라 쓰기에서 구절, 단락 따라 쓰기를 거쳐 완성된 글 한 편을 따라 쓰는 것으로 아이의 글쓰기 실력은 당당해집니다.

아이가 교과서 따라 쓰기로 글쓰기 실력을 기르는 동안 엄마는 아이 옆에 머물며 아이에게 무한한 관심을 가져 주세요. 하루 10분이면 충분합니다. 짧지만 귀한 시간이 모여 어느 날, 당신의 아이가 당신에게 아주 큰 고마움을 표현할 것입니다.

"엄마, 고마워요. 나에게 생각하는 방법과 글 쓰는 방법을 알려 주셨어요."

첫 문장 잡는 비결 7.
포기하게
내버려 두지 마세요

아들이 수학을 못한다는 것을 알았을 때, 만감이 교차했습니다. '왜 하필 이런 것을 닮지?'라며 나 자신에게 화가 났고 아이가 실망할까 봐 속상했습니다. 그래서 이렇게 말했습니다.

"괜찮아, 엄마도 수학 무지 못했어. 그래도 잘 살잖아?"

그런데, 그 말이 아이를 수포자로 만드는 것임을, 아예 수학 공부에서 손을 놓게 만드는 것임을 나중에야 알았습니다.

훗날 어린이 미술 및 박물관 교육 전문가가 쓴 책에서 다음의 구절을 읽고 얼마나 후회했는지 모릅니다.

"절대로 아이에게 '나는 그림을 못 그려'라는 말을 해선 안 된다. 아이들은 '나는 우리 아빠와 똑같아'라고 생각한다. 아이는 '나는 그림을 못 그려'라는 말을, 그림을 잘 그리려 노력할 필요가 없으며 노력하더라도 결과가 좋지 않을 거라고 받아들인다."

엄마가 만약 글쓰기를 싫어하고 잘못한다고 할지라도 다음의 말은 하지 마세요.

"나도 글 못 썼는데 너도 그러니? 글 못 쓰면 어때, 사는데 지장 없어."

이런 말을 들으면 아이는 '우리 엄마도 글 못 쓰는데 뭘, 노력해 봤자겠지?' 하는 식으로 합리화하게 된답니다. 글을 잘 쓰려 노력할 필요가 없으며 노력하더라도 결과가 좋을 리 없다고 받아들이게 된다고 합니다. 글쓰기로 성공할 수 있는 인생에 발목 잡히는 일은 엄마 대에서 끊어 내세요.

나가며

하루 한 문장씩 따라 쓰면 성장하는 아이가 된다

하버드대학교 조세핀 김(Josephine Kim) 교수는 20년 가까이 본교에서 학생들을 가르쳤습니다. 상위권 중의 상위권, 0.1퍼센트라 할 만큼 공부를 잘하는 하버드대학교 학생을 가르치며 어떤 특별한 공통점이 있을지 알아보았다지요. 비밀은 타고난 지능이나 지식보다 자존감이었다고 합니다.

'자존감은 자기 자신을 제대로 사랑할 줄 아는 방법이며, 모든 행동과 변화의 근원이 되는 마음가짐이다. 자존감이 높은 사람은 자신이 얼마나 가치 있고 소중한 사람인지 누군가 알려주지 않아도

스스로를 존귀하게 여긴다.'

　미국의 영재 교육 전문가 위트모어(Whitmore)의 연구 결과도 이와 같습니다. 하버드 대학생들 가운데 성적에서만 자신의 존재 의미를 찾는 학생들은 자존감이 낮고, 뛰어난 하버드 대학생들 사이에서 점점 위축된다고 합니다.

　그런데 여러 발달과학자의 연구에 따르면 자존감은 타고나는 것이 아닙니다. 발달 면에 있어서 갓난아기는 빈 칠판과 같다고 합니다. 아기는 자기 곁에 있는 사람들인 부모와 조부모, 교사처럼 중요한 사람들과 상호작용하며 자존감을 갖는다고 합니다.
　엄마들마다 아이의 평생 재산이 될 자존감을 키워주는 방법은 제각각이겠지요. 글쓰기 자존감을 키우는 면에서는 엄마가 아이의 작은 손으로 글자와 단어와 문장을 만드는 모습을 지켜보며 반응하는 것이 중요하다고 생각합니다. 아이가 글 쓸 때마다 신기하고 신통해서 바라보는 엄마의 표정이야말로 아이의 자존감을 키워주는 쉽고 빠른 방법이라 확신합니다.
　엄마가 자신을 지켜보는 눈길만으로도 충분하지만, 거기에 아이를 향한 기대와 설렘이 담긴다면 아이는 얼마나 행복할까요? 엄마와 상호관계에서 행복을 느끼는 아이의 자존감은 튼실해질 것입니다.

쉽게 가능한
엄마표 글쓰기 수업

컴퓨터에서 파일을 찾다가 〈장병들을 위한 글쓰기교육〉이라는 제목의 문서를 발견했습니다. 국방부 측 요청으로 기획한 프로그램이었는데, 연락할 당시, 그쪽에서는 저에게 이렇게 물었습니다.

"글쓰기를 통해 병사들의 성장이 가능할까요?"

뜻밖의 질문이었고 저에게 굉장히 신선한 물음이었습니다. 얼른 답했지요.

"물론입니다! 1,000퍼센트 그렇죠!"

글쓰기는 백지를 감당할 수 있어야 합니다. 글을 쓰다 보면 써야 할 내용과 쓰는 방법에 대한 불안과 두려움을 수없이 마주하고 자신을 다독이며 앞으로 나아가는 태도를 갖게 됩니다.

글쓰기는 하루아침에 좋아지지 않으니 매일 쓰면서 연습하는 꾸준함이 필요하고, 읽는 사람을 생각하며 그들에게 도움되는 내용을 써야 하니 공감 능력이 개발됩니다. 그렇게 성장해 나가는 것이지요.

'글을 쓰는 사람에게 가장 필요한 것은 '회복탄력성'이다.'

미국의 작가이자 저명한 심리 치료사 브라이언 로빈슨(Bryan Robinson)의 말입니다. 글을 쓰다 보면 이 말을 수백 번 실감합니다. 잘 썼든 아니든 일단 쓴 다음에 고쳐 쓰며 완성도를 높여가는 글쓰기의 여정에는 회복탄력성이 유일한 친구입니다. 이렇게 하나씩 따지면 글쓰기야말로 요즘 들어 각광받는 비인지적 역량, 소프트 스킬을 함양하는데 그만입니다.

그래서인지 미국에서는 초등학교 때부터 아이들을 작가로 만들려합니다. 글밥 먹는 '작가' 라는 직업이 아니라 작가처럼 생각하고 글쓰는 습관과 자세를 길러주겠다는 것입니다. 실리콘밸리에서는 삭가를 채용합니다. 역시 진짜 글만 쓰는 작가가 아니라 작가처럼 생각하고 글을 쓰는 능력과 (글쓰기로 길러지는) 소프트 스킬을 가진 사람을 우선 채용합니다.

작가가 된 지 35년. 저는 '글쓰기' 만한 총체적 자기계발 프로그램은 없다고 생각합니다. 인공지능이 글쓰기까지 해주는 시대가 왔지만, 인공지능은 절대 못할 개인의 경험과 저마다 다른 사고 능력을 기르는 것도 글쓰기가 유일하니까요.

글쓰기는 단순한 학습으로 불가능합니다. 습관처럼 주의 깊게 읽고, 습관처럼 써야 합니다. 초등학생에게는 교과서를 주의 깊게 읽고 따라 쓰는 것만으로도 충분합니다.

"반성합니다."

사실 이번 책은 아들에게 쓰는 반성문입니다. 아이들은 10살이면 글쓰기의 결정적 기술을 배우고 연습해야 하는데, 제 아들의 10살 무렵에는 이런 중요한 기회도 주지 않고 방치했음을 책을 쓰면서 자각했습니다. 그땐 그럴 수밖에 없었다고 핑계댈 일은 많습니다만, 지금 생각하니 어떤 이유도 중요하지 않습니다.

내 아이의 10살 때로 돌아가 거실에 함께 앉아 아이가 교과서에서 한 문장, 한 구절을 골라서 따라 쓰는 모습을 보고 싶습니다. 아이는 간간이 고개를 들어 나와 눈을 마주치려 할 테지요. 사랑스런 아이의 눈을 보며 눈가에 주름이 자글대도록 웃어 주고 싶습니다.

부록

워크시트_문장 쓰기 연습

교과서 따라 쓰기 활동지로 원고지 형태로 되어 있어 글쓰기 공부에 좋습니다.

따라 쓰기 한 날	_____ 월 _____ 일
따라 쓰기 내용 찾은 곳	_____

워크시트_단어장 만들기

해당 단어가 포함된 교과서 문장과 사전에서 알려주는 예문을 따라 쓰기 합니다. 따라 쓰기 할 때는 단어를 포함한 완전 문장을 씁니다. 그래야 해당 단어나 표기법이 어떻게 쓰이는지 빠르게 이해하게 됩니다.

따라 쓰기 한 날	월 일
따라 쓰기 내용 찾은 곳	

출처	
문장 따라 쓰기	
단어 쓰기	
뜻 쓰기	
비슷한 말	
반대말	
사전 예문 쓰기	

송숙희의 글쓰기 캠프

"글을 아주 참 잘 쓰는 사람으로 살고 싶은 당신! 제대로 찾아오셨군요. 환영합니다. 글을 아주 잘 쓰게 되는 절대 비결은 딱 한 가지뿐입니다. 바로 글을 아주 잘 읽는 것! 글을 제대로 잘 읽어내지 못하면 절대 잘쓸 수 없습니다. 글쓰기란 쓸 내용을, 쓴 내용을 읽어가며 메시지를 완성하는 작업입니다. 이곳에서 잘 쓴 글을 제대로 잘 읽는 훈련부터 하시지요."

이 글은 쓰기, 읽기를 다 잘하고 싶은 사람들이 따라 쓰기를 연습하는 인터넷 공간 〈송숙희의 글쓰기 캠프〉에 실린 환영의 인사입니다. 우리 아이에게 글쓰기를 가르치고 싶은 엄마 아빠부터 이곳에 와 따라 쓰기 연습법을 체험해 보세요. 그러면 내 아이에게 교과서 따라 쓰기가 왜 그렇게 중요한지 단번에 알게 된답니다.

www.송숙희의글쓰기캠프.com

하루 10분 교과서 따라 쓰기로 쉽게 배우는
초등 첫 문장 쓰기의 기적

ⓒ 송숙희 2021

인쇄일 2021년 10월 21일
발행일 2021년 11월 11일

지은이 송숙희
펴낸이 유경민 노종한
기획마케팅 1팀 우현권 **2팀** 정세림 현나래 유현재 서채연
기획편집 1팀 이현정 임지연 **2팀** 김형욱 박익비 **라이프팀** 박지혜 장보연
책임편집 박지혜
디자인 남다희 홍진기
펴낸곳 유노라이프
등록번호 제2019-000256호
주소 서울시 마포구 월드컵로20길 5, 4층
전화 02-323-7763 **팩스** 02-323-7764 **이메일** uknowbooks@naver.com

ISBN 979-11-91104-24-0(13590)

- ㅡ 책값은 책 뒤표지에 있습니다.
- ㅡ 잘못된 책은 구입하신 곳에서 환불 또는 교환하실 수 있습니다.
- ㅡ 유노라이프는 유노북스의 자녀교육, 실용 도서를 출판하는 브랜드입니다.